BEI GRIN MACHT SICH IHR WISSEN BEZAHLT

- Wir veröffentlichen Ihre Hausarbeit, Bachelor- und Masterarbeit

- Ihr eigenes eBook und Buch - weltweit in allen wichtigen Shops

- Verdienen Sie an jedem Verkauf

Jetzt bei www.GRIN.com hochladen und kostenlos publizieren

Bibliografische Information der Deutschen Nationalbibliothek:

Bibliografische Information der Deutschen Nationalbibliothek: Die Deutsche Bibliothek verzeichnet diese Publikation in der Deutschen Nationalbibliografie; detaillierte bibliografische Daten sind im Internet über http://dnb.d-nb.de/ abrufbar.

Copyright © 2001 GRIN Verlag GmbH
Druck und Bindung: Books on Demand GmbH, Norderstedt Germany
ISBN: 9783867465922

http://www.examicus.de/e-book/185715/test-von-web-sites-problemstellung-stand-entwicklungstendenzen

Ellen Pfeiffer

Test von Web Sites. Problemstellung, Stand, Entwicklungstendenzen

Examicus Verlag

Examicus - Verlag für akademische Texte

Der Examicus Verlag mit Sitz in München hat sich auf die Veröffentlichung akademischer Texte spezialisiert.

Die Verlagswebseite www.examicus.de ist für Studenten, Hochschullehrer und andere Akademiker die ideale Plattform, ihre Fachtexte, Studienarbeiten, Abschlussarbeiten oder Dissertationen einem breiten Publikum zu präsentieren.

Inhaltsverzeichnis

Abbildungsverzeichnis

Tabellenverzeichnis

Seite

1   Gegenstand, Ziel und Aufbau der Arbeit

Aufgrund der enthusiastischen Erwartungen, die an das Internet und die „New Economy" geknüpft waren, wurde noch vor zwei Jahren das baldige Ende traditioneller Geschäftsmodelle prophezeit. Inzwischen zeichnet sich ein eher gespaltenes Bild ab. Einerseits werden die technische Voraussetzungen zur Automatisierung und Realisierung immer komplexerer Transaktionen über das Netz geschaffen. Andererseits stehen zahlreiche Kunden der elektronischen Geschäftsabwicklung zunehmend skeptisch gegenüber. Zwar steigt die Zahl der Internet-Zugänge nach wie vor stark an, doch rückläufige eCommerce-Umsätze in den USA zeigen, dass immer weniger Kunden auch sofort im Netz handeln wollen.[1]

Die Gründe für diese Entwicklung sind ebenso vielfältig wie komplex. Zu den wichtigsten Faktoren zählen jedoch Sicherheitsbedenken gegenüber dem Übertragungsmedium Internet und Unsicherheit in Bezug auf den Umgang mit Personendaten. Besonders wenig Vertrauen haben Kunden dabei in reine Web-Anbieter.[2] Lange Ladezeiten oder mangelnde Verfügbarkeit reichen bereits aus, um sich gegen ein Online-Angebot zu entscheiden. Dies gilt besonders dann, wenn eine komplizierte Bedienung oder zu lange Lieferzeiten von Produkten den Kunden frustrieren.[3] Solche Faktoren bewerten letztlich die Qualität eines Internet-Angebots und der Web Site als der Plattform für den elektronischen Geschäftsverkehr. Vor diesem Hintergrund gewinnt die Frage nach einer systematischen Evaluierung und Sicherung der Qualität von Web Sites an Bedeutung.

Das vielleicht wichtigste Instrument zur Qualitätssicherung ist der systematische Test der Web Site. Im Rahmen der Diskussion um eine strukturierte Entwicklung von Web Sites wird der Test-Aspekt daher neuerdings verstärkt beachtet. Das Ziel der vorliegenden Arbeit ist es, die Notwendigkeiten und spezifischen Probleme eines Tests von Web Sites aufzuzeigen und den Stand der aktuellen Diskussion zu untersuchen. Darüber hinaus sollen die bislang diskutierten Testmethoden vorgestellt und ein Ansatz zur Systematisierung versucht werden.

---

1   Vgl. o. V.: Einkaufen im Web verliert seinen Reiz, in: Computerwoche, Nr. 23, 08.06.2001, S. 1.
2   Vgl. o. V.: Einkaufen im Web verliert seinen Reiz, a. a. O., S. 1.
3   Vgl. Weinstein, Anja: Flotte Sites bevorzugt, in: Internet Professionell, Juni 2001, S. 38f..

Hierzu wird in Kapitel 2 zunächst das Testobjekt Web Site abgegrenzt und charakterisiert; relevante Begriffe und Methoden zum Test von traditioneller Software werden eingeführt. In Kapitel 3 erfolgt eine Bestandsaufnahme der Diskussion über den Test von Web Sites, die Akteure der Diskussion werden vorgestellt und es wird ein Überblick über besprochene Konzepte und Techniken gegeben. Die wichtigsten einzelnen Testmethoden werden im Kapitel 4 anhand von Testobjekten, Risikorelevanz und Vorgehensweise dargestellt. In Kapitel 5 wird eine Möglichkeit zur Systematisierung der Konzepte aufgezeigt und Ansätze zur Erweiterung der Testperspektive vorgestellt. Zusammenfassung und Ausblick in Kapitel 6 schließen die Arbeit ab.

2 Grundlagen und Abgrenzung zentraler Begriffe

2.1 Web Site

2.1.1 Allgemeine Definitionen und Modelle

Das hier zu betrachtende Testobjekt „Web Site" ist kaum eindeutig abzugrenzen, eine einheitliche Definition kann nur ansatzweise erfolgen. Zwar wird der Begriff heute wie selbstverständlich verwendet, doch verzichten Autoren oft auf eine Begriffsabgrenzung. Je nach Perspektive des Betrachters ergibt sich so eine Vielzahl an unterschiedlichen Bedeutungsinhalten und Ausprägungen des Begriffs.[4]

Ganz allgemein kann eine Web Site definiert werden als „Gesamtheit eines Informationsangebotes im World Wide Web, das einer Adresse hinterlegt ist."[5] Anstelle der gemeinsamen Internetadresse wird auch der gemeinsame Anbieter als Abgrenzungskriterium gewählt[6], oder die Definition knüpft an den inhaltlichen Zusammenhang der einzelnen Seiten an[7]. Beschränkt man die Betrachtung auf kommerziell genutzte Internet-Präsenzen, so kann eine Web Site als „das gesamte Angebot an Information

---

4 Vgl. Schwickert, Axel C.: Web Site Engineering, Ökonomische Analyse und Entwicklungssystematik für eBusiness-Präsenzen, Stuttgart u. a.: Teubner, 2001, S. 78.

5 Frühschütz, Jürgen: E-Commerce-Lexikon, Frankfurt a. M.: Deutscher Fachverlag 2001, S. 134, vgl. auch: o. V.: Website – a whatis definition, TechTarget What's? Online, Online im Internet: http://whatis.techtarget.com/definition/0,289893,sid9_gci213353,00.html, 01.09.2001.

6 Vgl. Eicker, Thomas: Ein kleines! Lexikon des Internet, Online im Internet: http://www.kleines-lexikon.de/, Begriff: Site, 01.09.2001.

7 Vgl. Mark@web Consulting: Das Hypertext eCommerce Lexikon, Online im Internet: http://www.markatweb.de/lexikon/Definitionen/website.htm, 01.09.2001.

und Kommunikation einer Unternehmung"[8] im Internet und damit als „komplexes System zur Erschließung des elektronischen Wirtschaftsgefüges"[9] verstanden werden. Diese allgemeinen Definitionen sind als Gegenstand eines Tests jedoch zu abstrakt und bedürfen weiterer Konkretisierung.

Für die konkrete Gestaltung von Web Sites gibt es eine Vielzahl unterschiedlicher Techniken, Methoden, Kommunikations- und Interaktionsmöglichkeiten. Kommerzielle Web Sites bestehen oft aus mehreren Tausend einzelnen Seiten und enthalten zunehmend komplexe Anwendungen, die auch mit bestehenden Anwendungen im Unternehmen vernetzt werden.[10] Eine einheitliche und allgemeingültige Beschreibung eines Objektes „Web Site" erscheint daher nicht möglich.

Um dennoch eine praktikable Diskussions- und Arbeitsgrundlage zu schaffen und gleichzeitig der Komplexität dieser Systeme Rechnung zu tragen, wurden in Literatur und Praxis daher mehrere Ebenen- und Komponentenmodelle für den Entwurf sowie die Beschreibung von Web Sites entwickelt:

Schwickert[11] beschreibt eine Web Site aus strategischer und technischer sowie aus einer übergeordneten anwendungsorientierten Sicht. Brunner[12] unterscheidet vier Gestaltungsdimensionen einer Web Site: Business-Strategie, Content, Management und Technologie. Göttmann[13] betrachtet Geschäftsprozesse, Plattformen, Netzwerke, Nutzungsschnittstellen und Benutzergruppen, während das Component Object Model (COM) der Firma Microsoft Benutzerschnittstellen (User Services), Anwendungslogik

---

8   Center for Research in Electronic Commerce der Universität Bern: Begriffe, Online im Internet: http://ec.unibe.ch/begriffe.asp, 01.09.2001.

9   Schwickert, Axel C.: Web Site Engineering, Ökonomische Analyse und Entwicklungssystematik für eBusiness-Präsenzen, a. a. O., S. 78.

10   Murugesan, San et al.: Web Engineering: A New Discipline for Development of Web-Based Systems, in: Web Engineering – Managing Diversity and Complexity of Web Application Development, Hrsg.: Murugesan, San; Deshpande, Yogesh, Lecture Notes in Computer Science, Vol. 2016, Berlin et al.: Springer 2001, S. 6.

11   Schwickert, Axel C.: Web Site Engineering, Ökonomische Analyse und Entwicklungssystematik für eBusiness-Präsenzen, a. a. O., S. 132.

12   Brunner, Martin: Entstehung einer e-business-Lösung – Das Business Content Management Framework, in: Das e-business Prinzip, Von Spinnern, Visionären und Realisten. Idee und Funktionsweise der neuen Wirtschaft, Hrsg.: IBM Consulting Group, Frankfurt a.M.: F.A.Z.-Institut für Management-, Markt- und Medieninformationen GmbH 1999, S. 186.

13   Göttmann, Kai: Wie bette ich eCommerce in bestehende Software-Systeme ein? – Software Realisierung, in: eCommerce – Einstieg, Strategie und Umsetzung im Unternehmen, Hrsg.: Albers, Sönke et al., 2. überarb. u. erw. Aufl., Frankfurt a. M.: F.A.Z.-Institut für Management-, Markt- und Medieninformationen GmbH, 2000, S. 155.

(Business Services) und zugrunde liegende Daten (Data Services) unterscheidet.[14] Das Electronic Commerce Center Handel[15] schließlich trennt eine Web Site in ein Front-End, das für den Endkunden sichtbar und nutzbar ist, und ein Back-End mit allen technischen und organisatorischen Funktionen und Prozessen.

Diese Konzepte beziehen sich im wesentlichen auf große, kommerziell genutzte Web Sites mit einer komplexen Anwendungslogik. Sie decken damit Projekte möglichst beliebiger Größenordnung ab. Auch die weiteren Überlegungen zum Test von Web Sites folgen dieser Überlegung. Für weniger komplexe Web Sites sind die einzelnen Test-Aspekte jeweils auf ihre Relevanz zu prüfen, verzichtbare Aspekte können in solchen Fällen entsprechend übergangen werden.

2.1.2 Eine Arbeitsdefinition

Die einzelnen Konzepte können in dieser Arbeit nicht im einzelnen erläutert werden. Sie ermöglichen aber die Ableitung der wesentlichen Charakteristika einer Web Site und die Identifizierung der konkret zu testenden Bestandteile. Damit ist allerdings weder ein Anspruch auf Vollständigkeit verbunden noch soll damit der Versuch einer abschließenden formalen Definition unternommen werden. Es sollen lediglich in einer pragmatischen Annäherung wesentliche Merkmale von Web Sites herausgearbeitet werden, die für einen späteren Test von Bedeutung sind:

- Eine Web Site ist eine Marktpräsenz

  Die Web Site das rahmensetzende Konstrukt für ein Zusammentreffen des Unternehmens mit Endkunden, Geschäftspartnern und Mitarbeitern und damit unmittelbar wettbewerbsrelevant.[16] Diese Sichtweise macht eine systematische Einbettung in die Unternehmensplanung und –strategie erforderlich. Als betriebswirtschaftliche Vorgaben müssen für eine Web Site die strategischen eBusiness-Segmente, die beteiligten Funktionalbereiche sowie zu integrierende Netzwerk-Anwendungen

---

14 Vgl. Jutla, Dawn; Bodorik, Peter; Wang, Yie: A Step towards a Suite of E-Commerce Benchmarks, in: Electronic Commerce and Web Technologies, Hrsg.: Bauknecht, Kurt; Madria, Sanjay Kumar; Pernul, Günther,: Lecture Notes in Computer Science, Vol. 1875, Berlin u. a.: Springer 2000, S. 422.

15 E-Commerce-Center Handel (Hrsg.): Die Begriffe des eCommerce, Frankfurt a. M.: F.A.Z.-Institut für Management-, Markt und Medieninformationen 2001, S. 66f..

16 Vgl. Schwickert, Axel C.: Web Site Engineering, Ökonomische Analyse und Entwicklungssystematik für eBusiness-Präsenzen, a. a. O., S. 132.

festgelegt werden.[17] Einen Überblick über die strategischen Handlungs- und Zielfelder einer Web Site gibt Abbildung 1:

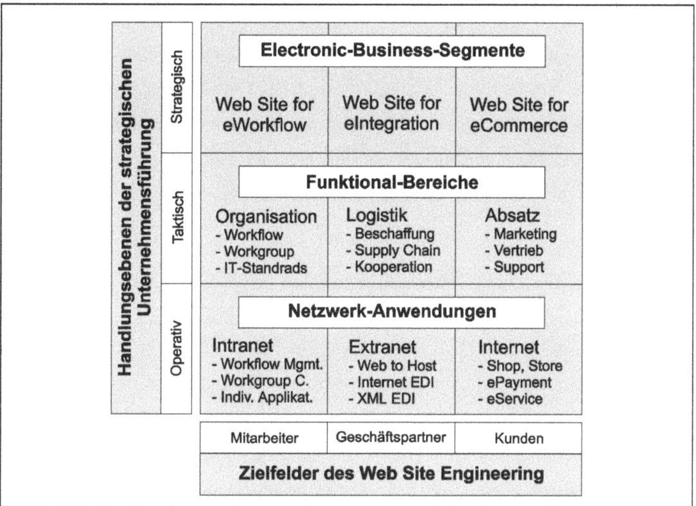

Abb. 1:   Strategische Handlungsebenen und Zielfelder einer Web Site18

Aus der strategischen Perspektive ergibt sich für die Entwicklung von Web Sites die Notwendigkeit einer systematischen Anforderungsermittlung und insbesondere der Definition des anvisierten Zielpublikums.[19] Das Letztere wird konkret berücksichtigt bei der Gestaltung des Front-End der Web Site, also dem Teil, der für den Benutzer sichtbar ist und anwendbare Funktionen enthält.[20] Das Front-End bildet die visuelle Schnittstelle zwischen Mensch und Maschine sowie zwischen Unternehmen und Kunde. Testbare Gestaltungselemente sind beispielweise Design, Navigation, Personalisierung und Inhalte.[21]

---

17   Vgl. Schwickert, Axel C.: Web Site Engineering – Ein Komponentenmodell, in: Arbeitspapiere WI, Nr. 12/1998, Hrsg.: Lehrstuhl für Allg. BWL und Wirtschaftinformatik, Mainz: Johannes Gutenberg-Universität 1998, S. 9.

18   Nach: Schwickert, Axel C.: Web Site Engineering – Ein Komponentenmodell, a. a. O., S. 15.

19   Vgl. Brunner, Martin: Entstehung einer e-business-Lösung – Das Business Content Management Framework, a. a. O., S. 187.

20   Vgl. E-Commerce-Center Handel (Hrsg.): Die Begriffe des eCommerce, a. a. O., S. 66.

21   Vgl. E-Commerce-Center Handel (Hrsg.): Die Begriffe des eCommerce, a. a. O., S. 66.

- Eine Web Site ist ein komplexes Anwendungssystem

  Technisch gesehen besteht eine Web Site aus spezifischen Hard- und Softwarekomponenten zur Bereitstellung, Aufbereitung, Speicherung, Verteilung und Präsentation von Inhalten und Funktionen.[22] Dies umfasst eine Kombination aus verschiedenen Programmiersprachen und –Tools, Programmen, Datenbanken, Applikations- und Webservern sowie Clients mit Webbrowsern. Besonders zu berücksichtigen ist dabei die Verteilung der Komponenten auf Anbieter und Kunden sowie das Zusammenspiel sehr individueller und hochstandardisierter Komponenten:

  Als gemeinsamer Standard von Web Sites kann die Client-Server-Struktur, die Verwendung der Protokolle TCP/IP und HTTP sowie das spezielle Adressierungsschema Uniform Resource Locator (URL) betrachtet werden.[23] Die einzelnen Webseiten sind meist HTML-Dokumente, die Informationen in Form von Texten, Links zu weiteren Seiten sowie multimediale Erweiterungen enthalten.[24] Durch dieses allgemeine Schema können sehr leicht weitere Komponenten in eine Web Site eingebunden werden. Da ein Anbieter keine Möglichkeit zur Kontrolle der Hardwarekomponenten des Kunden hat, ist er an die allgemeinen Standards gebunden.[25]

  Die einzelnen Funktionen einer Web Site können dennoch durch individuelle Kombinationen aus verschiedensten Server- oder Client-seitigen Techniken und Programmen realisiert werden.[26] Diese werden oft speziell für die Einsatzzwecke des einzelnen Unternehmens programmiert und mit spezifischem Design und Inhalt versehen. Daher kann eine Web Site auch als individuelle Anwendungssoftware betrachtet werden.[27]

---

22 Vgl. Brunner, Martin: Entstehung einer e-business-Lösung – Das Business Content Management Framework, a. a. O., S. 193.

23 Vgl. Turau, Volker: Techniken zur Realisierung Web-basierter Anwendungen, in: Informatik-Spektrum, 1/1999, S. 3.

24 Vgl. Eicker, Thomas: Ein kleines! Lexikon des Internet, a. a. O..

25 Vgl. Turk, Andreas et al.: The Web Consultant – A Flexible Framework for Dynamic Web Applications, in: Electronic Commerce and Web Technologies, Hrsg.: Bauknecht, Kurt; Madria, Sanjay Kumar; Pernul, Günther,: Lecture Notes in Computer Science, Vol. 1875, Berlin u. a.: Springer 2000, S. 13.

26 Vgl. Turau, Volker: Techniken zur Realisierung Web-basierter Anwendungen, a. a. O., S. 4.

27 Vgl. Schwickert, Axel C.: Web Site Engineering, Ökonomische Analyse und Entwicklungssystematik für eBusiness-Präsenzen, a. a. O., S. 106.

- Eine Web Site ist ein Interaktions- und Transaktionsmedium

  Zum Back-End einer Web Site zählen auch die logistische Prozesse, die mit der Informations-, Interaktions- und Transaktionsfunktion einer Web Site verbunden sind.[28] Hierbei sind neben der technischen auch die organisatorische Einbettung in das Unternehmen zu betrachten, die Gestaltung von Prozessen sowie die Regelung von Verantwortlichkeiten.[29] Die Integration in die Unternehmensinfrastruktur ist ein wesentlicher Erfolgsfaktor für kommerzielle Web Sites.[30] Zu Prüfen ist hier insbesondere die Integration der Systeme zur Auftragsabwicklung oder die Verfügbarkeit von aktuellen Informationen.

2.1.3 Besonderheiten gegenüber traditioneller Software

Da eine Web Site als Anwendungssystem betrachtet werden kann, können die Grundlagen der Entwicklung und des Test von Software prinzipiell auch für Web Sites Verwendung finden. Jedoch müssen die Besonderheiten einer web-basierten Anwendung gegenüber einer traditionellen Software beachtet werden. Diese Besonderheiten werden vorwiegend im Rahmen neuerer Überlegungen zu einem systematischen Web (Site) Engineering diskutiert.[31] Die Diskussion steht noch am Anfang und kann daher ebenfalls in keiner Weise als vollständig oder abgeschlossen gesehen werden, doch besteht in einigen Punkten weitgehend Übereinstimmung. Eine Web Site

- hat einen größeren, weitgehend unbekannten und sehr heterogenen Nutzerkreis;

- stellt (daher) höhere Sicherheitsanforderungen;

- deckt ein größeres Aufgabenfeld mit zahlreicheren Schnittstellen ab;

- erlaubt aufgrund schnell wandelnder Technologien nur kurze Entwicklungszyklen;

- erfordert kontinuierliche Weiterentwicklung und

---

28 Vgl. E-Commerce-Center Handel (Hrsg.): Die Begriffe des eCommerce, a. a. O., S. 67.

29 Vgl. Brunner, Martin: Entstehung einer e-business-Lösung – Das Business Content Management Framework, a. a. O., S. 189.

30 Göttmann, Kai: Wie bette ich eCommerce in bestehende Software-Systeme ein? – Software Realisierung, a. a. O., S. 159.

31 Vgl. hierzu u. a. Schwickert, Axel C.: Web Site Engineering, Ökonomische Analyse und Entwicklungssystematik für eBusiness-Präsenzen, a. a. O. und Murugesan, San; Deshpande, Yogesh (Hrsg.): Web Engineering – Managing Diversity and Complexity of Web Application Development, Lecture Notes in Computer Science, Vol. 2016, Berlin u. a.: Springer 2001.

- erfordert Ressourcen, Skills und Standards, die in der Praxis häufig fehlen.[32]

Die ersten beiden Kriterien gelten dabei im wesentlichen für das öffentliche Internet.

Murugesan et al.[33] heben an gleicher Stelle hervor, dass die meisten Web Sites stark dokumentenorientiert und auf das „Look & Feel" der User-Front-Ends ausgerichtet sind. Daraus ergibt sich eine starke Verbindung zwischen Technik und „Kunst", also eine zeitgleiche Erstellung von fachlichem Inhalt und technischer Plattform, wie sie in der traditionellen Softwareentwicklung so nicht existierte.[34]

2.2 Software-Qualität und Software-Test

2.2.1 Qualität und Qualitätssicherung

Qualität ist nach DIN EN ISO 8402 die „Gesamtheit von Merkmalen (und Merkmals-werten) einer Einheit bezüglich ihrer Eignung, festgelegte und vorausgesetzte Erfordernisse zu erfüllen."[35] Qualität ist damit keine absolute Größe, sondern immer abhängig vom Verwendungszweck eines Produktes.

Software weist im Vergleich zu vielen anderen Produkten einige Besonderheiten auf: Sie hat einerseits keine physische Existenz, woraus sich das Fehlen einer materiellen Abnutzung und eine prinzipiell unbegrenzte Lebensdauer ergibt. Andererseits unterliegt Software einem schnellen Wandel im technischen Umfeld und in den Anforderungen der Benutzer.[36] Für Software nennt die DIN-Norm 66272 daher neben den Qualitäts-merkmalen Funktionalität, Zuverlässigkeit, Benutzbarkeit und Effizienz auch die

---

32 Vgl. Schwickert, Axel C.: Web Site Engineering, Ökonomische Analyse und Entwicklungssystematik für eBusiness-Präsenzen, a. a. O., S. 106f.; Murugesan, San et al.: Web Engineering: A New Discipline for Development of Web-Based Systems, a. a. O., S. 6f.; Brian, Christoph; Büchi, Markus: e-business-Testing – neue Herausforderungen, in: Das e-business Prinzip, Von Spinnern, Visionären und Realisten. Idee und Funktionsweise der neuen Wirtschaft, Hrsg.: IBM Consulting Group, Frankfurt a.M.: F.A.Z.-Institut für Management-, Markt- und Medieninformationen GmbH 1999., S. 231f. und Bazzana, Gualtiero: Ensuring the quality of Web Sites and E-Commerce Applications, in: Software Quality – State of the Art in Management, Testing and Tools, Hrsg.: Wieczorek, Martin; Meyerhoff, Dirk, Berlin u. a.: Springer 2001, S. 180.

33 Murugesan, San et al.: Web Engineering: A New Discipline for Development of Web-Based Systems, a. a. O., S. 6f.

34 Auch Brunner hebt die Bedeutung des Inhalts als konstituierendem Bestandteil der Web Site hervor. Vgl. Brunner, Martin: Entstehung einer e-business-Lösung – Das Business Content Management Framework, a. a. O., S. 186.

35 zitiert nach Klein, Martin: Einführung in die DIN-Normen, Hrsg.: DIN, Deutsches Institut für Normung e.V., Stuttgart, Leipzig: Teubner; Berlin u. a.: Beuth 1997, S. 294.

36 Vgl. Gillies, Allan C.: Software Quality – Theory and management, London u. a.: Chapman & Hall 1992, S. 7.

Änderbarkeit und Übertragbarkeit.[37] Allerdings erfolgt im Rahmen der Norm keine Operationalisierung dieser sechs Kriterien.

Qualitätssicherung „ist die Gesamtheit aller geplanten und systematischen Aktionen, die erforderlich sind, um in ausreichendem Maße das Vertrauen darin zu vermitteln, dass ein Produkt oder eine Dienstleistung den festgelegten Qualitätsanforderungen entspricht."[38] Zur Sicherung von Qualität werden konstruktive oder analytische Methoden unterschieden.[39] Konstruktive Maßnahmen sollen Fehler bereits während der Entwicklung verhindern.[40] Hierzu zählen etwa ein systematisches Software Engineering unter Verwendung von Methoden und Richtlinien. Analytische Maßnahmen dienen der Identifikation von Fehlern in Softwareprodukten.[41] Der Test von Software zählt damit zu den analytischen Qualitätssicherungs-Maßnahmen.

2.2.2 Grundsätzliches zum Test von Software

Testen ist der „Prozess des Planens, der Vorbereitung und der Messung, mit dem Ziel, die Eigenschaften eines IT-Systems festzustellen und den Unterschied zwischen dem tatsächlichen und dem erforderlichen Zustand aufzuzeigen."[42] Der „erforderliche Zustand" ergibt sich aus der funktionalen Spezifikation und den Leistungsanforderungen.[43] Ziele des Testprozesses sind die Verbesserung der Qualität, die Steigerung der Anwenderzufriedenheit und die Senkung von Wartungskosten.[44] Treibende Kraft ebenso wie begrenzender Faktor sind dabei wirtschaftliche Überlegungen.[45] Testen ist kein Selbstzweck, sondern dient der Verminderung von wirtschaftlichen Risiken.[46] Ein

---

37 Vgl. Mellis, Werner: Softwarequalität und Softwarequalitätsmanagement, in: Lexikon der Wirtschaftsinformatik, Hrsg.: Mertens, Peter, 3. vollst. neu bearbeitete u. erweiterte Auflage, Berlin u. a.: Springer 1997, S. 370. International entspricht dies der ISO/IEC 9126.

38 Pol, Martin; Koomen, Tim; Spillner, Andreas: Management und Optimierung des Testprozesses, Heidelberg: dpunkt-Verlag 2000, S. 12.

39 Vgl. Mellis, Werner: Softwarequalität und Softwarequalitätsmanagement, a. a. O., S. 370. Pol et al. unterscheiden dies in Vorbeuge-, Prüf- und Beurteilungs- sowie Korrekturmaßnahmen, vgl. Pol, Martin et al.: Management und Optimierung des Testprozesses, a. a. O., S. 12.

40 Vgl. Müller, Uwe: Prüf- und Testprozesse in der Softwareentwicklung, Aachen: Shaker 1999, S. 7.

41 Vgl. Müller, Uwe: Prüf- und Testprozesse in der Softwareentwicklung, a. a. O., S. 8.

42 Vgl. Pol, Martin et al.: Management und Optimierung des Testprozesses, a. a. O., S. 9.

43 Vgl. Thaller, Georg E.: Software-Test, Verifikation und Validation, Hannover: Heise 2000, S. 24.

44 Vgl. Parrington, Norman; Roper, Marc: Software-Test – Ziele, Anwendungen, Methoden, Hamburg u. a.: McGraw-Hill 1990, S. 1.

45 Parrington, Norman; Roper, Marc: Software-Test – Ziele, Anwendungen, Methoden, a. a. O., S. 3.

46 Vgl. Pol, Martin et al.: Management und Optimierung des Testprozesses, a. a. O., S. 10.

Risiko ist „a condition that can result in a loss"[47]. Primäre Aufgabe des Testers ist somit die Evaluierung der Risiken von Softwarefehlern. Dem entsprechend muss der Einsatz von Testressourcen wie Zeit und Geld nach ökonomischen Gesichtspunkten erfolgen.[48] Testen ist wirtschaftlich nur sinnvoll, solange „die Kosten für das Finden und die Beseitigung eines Fehlers im Test niedriger sind als die Kosten, die mit dem Auftreten eines Fehlers bei der Nutzung des Produktes verbunden sind."[49]

Ein Softwarefehler oder -defekt ist eine Abweichung entweder von den Produkt-Spezifikationen oder von den Kundenerwartungen. Abweichung bedeutet entweder die Implementierung eines falschen Elements (wrong), das Fehlen eines benötigten Elements (missing) oder der Einbau eines überflüssigen Elements (extra).[50] Ein Defekt, der einen Anwender beeinträchtigt, wird auch als Versagen (failure) bezeichnet.[51] Defekte müssen nicht zwangsläufig zu einem Versagen führen, umgekehrt kann ein einzelner Defekt millionenfaches Versagen hervorrufen. Risikorelevant sind letztlich nur die Defekte, die ein Versagen auslösen. Zwei weitere Besonderheiten sind im Zusammenhang mit Software-Fehlern zu beachten: Zum einen treten durch das Fehlen jeglicher Abnutzung im Zeitablauf keine zusätzlichen Fehler auf, ein behobener Fehler bleibt behoben. Zum anderen kennt Software keine Toleranzen wie materielle Produkte, auch ein minimaler Fehler ist ein Fehler.[52]

Dem systematischen Test von Software liegt die Hypothese zugrunde, dass ein Software-Produkt niemals fehlerfrei ist.[53] Testen ist ein destruktiver Prozess zur Aufdeckung dieser Fehler, erfolgreich ist demnach der Testlauf, der Fehler findet.[54] Ein Programm kann niemals vollständig getestet und Fehlerfreiheit somit niemals nachgewiesen werden. Die Testprozesse können nur möglichst hart gestaltet werden.[55] Um dem destruktiven Charakter des Testens gerecht zu werden, wird die strikte Unabhän-

---

47 Perry, William: Effective Methods for Software Testing, New York u. a.: Wiley 1995, S. 14.

48 Vgl. Perry, William: Effective Methods for Software Testing, New York u. a.: Wiley 1995, S. 7.

49 Pol, Martin et al.: Management und Optimierung des Testprozesses, a. a. O., S. 14.

50 Vgl. Perry, William: Effective Methods for Software Testing, a. a. O., S. 5.

51 Vgl. Perry, William: Effective Methods for Software Testing, a. a. O., S. 6.

52 Vgl. Müller, Uwe: Prüf- und Testprozesse in der Softwareentwicklung, a. a. O., S. 6.

53 Vgl. Alpar, Marcel: Professionelle Softwaretests, Braunschweig; Wiesbaden: Vieweg 1994, S. 3.

54 Myers, Glenford J.: Methodisches Testen von Programmen, 3. Aufl., München;Wien: Oldenbourg 1989, S. 4.

55 Vgl. Kaner, Cem; Falk, Jack; Nguyen, Hung Choc: Testing Computer Software, a. a. O., S. 17. Kaner vergleicht dies mit dem wissenschaftstheoretischen Ansatz von Popper, nachdem eine wissenschaftliche Hypothese niemals verifiziert werden kann.

gigkeit von Testern und Programmierern gefordert:[56] „Es ist unter allen Umständen zu vermeiden, den Tester in die Gruppe der Programmierer zu integrieren. [...] Aufgabe des Testers ist es, ohne Rücksicht auf Verluste Fehlfunktionen nachzuweisen. Er ist in der Wahl seiner Mittel nicht eingeschränkt. [...] Fraternisierung wird dazu führen, daß der Tester diese Konflikte zu Lasten der Qualität des Produktes vermeidet."[57]

2.2.3 Testarten und Testmethoden

Ein Überblick auch nur über die gängigsten Methoden des Tests von Software würde den Rahmen dieser Arbeit sprengen.[58] Da es für den Software-Test keine einheitliche Terminologie gibt, bzw. viele Begriffe wechselnd synonym verwendet werden, sollen im Folgenden jedoch kurz einige wesentliche Begriffe und Testkonzepte erläutert werden, die für den Test von Web Sites in gleicher Form Anwendung finden.

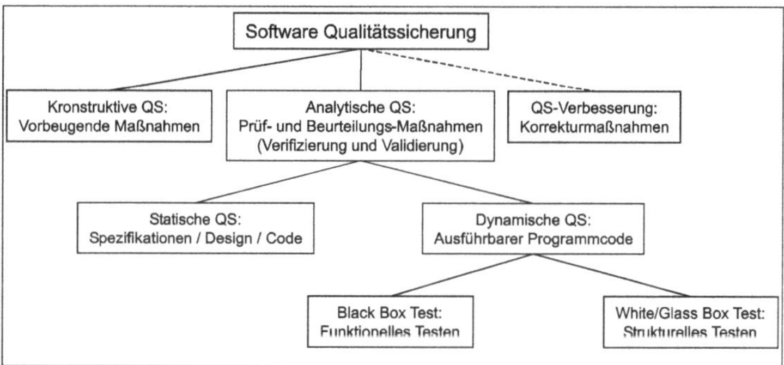

Abb. 2:   Methoden der Software-Qualitätssicherung[59]

Die Methoden der analytischen Qualitätssicherung lassen sich in verifizierende und validierende Tätigkeiten unterscheiden, die je nach Testobjekt statisch oder dynamisch,

---

56 Vgl. Myers, Glenford J.: Methodisches Testen von Programmen, a. a. O., S. 11f. und Alpar, Marcel: Professionelle Softwaretests, a. a. O., S. 4. Für weitere Prinzipien siehe Myers S. 10-15.

57 Alpar, Marcel: Professionelle Softwaretests, a. a. O., S. 4.

58 Für eine Einführung oder detailliertere Betrachtung sei auf die weiterführende Literatur verwiesen: Siehe u. a. Perry, William: Effective Methods for Software Testing, a. a. O. und Thaller, Georg E.: Software-Test, Verifikation und Validation, a. a. O.. Eine komprimierte Einführung geben Parrington, Norman; Roper, Marc: Software-Test – Ziele, Anwendungen, Methoden, a. a. O.. Für eine praxisorientierte Perspektive siehe Kaner, Cem; Falk, Jack; Nguyen, Hung Choc: Testing Computer Software, a. a. O..

59 In Anlehnung an: Müller, Uwe: Prüf- und Testprozesse in der Softwareentwicklung, a. a. O., S. 19.

anhand der Programmstruktur oder anhand von Funktionen durchgeführt werden. Einen allgemeinen Überblick über die Methoden gibt Abbildung 2.

- Verifikation und Validation

  Verifikation bedeutet „Bestätigung durch Untersuchung und die Bereitstellung eines Nachweises, daß festgelegte Forderungen erfüllt worden sind"[60]. Ein Software-Produkt wird etwa anhand der Anforderungen einer Entwicklungsphase oder anhand von Standards verifiziert, die Untersuchung erfolgt aus der Entwicklersicht und ist auf technische Einzelheiten ausgerichtet.[61] Die Grundfrage dabei lautet „Bauen wir das Produkt richtig?"[62]

  Validation soll den Nachweis erbringen, „daß die besonderen Forderungen für einen speziellen beabsichtigten Gebrauch erfüllt worden sind"[63]. Das Software-Produkt wird anhand der Anwender-Anforderungen validiert, die Prüfung erfolgt aus der Kundensicht in seiner Anwendungsumgebung.[64] Beantwortet wird hier also die Grundfrage „Bauen wir das richtige Produkt?"[65]

- Dynamischer und statischer Test

  Ein *dynamischer Test* wird durchgeführt, indem Programmcode ausgeführt wird; ein *statischer Test* verzichtet darauf.[66] Statische Tests dienen zur Validierung der Systemanforderungen bzw. zur Verifikation von Design und Teilen des Codes.[67] Analysiert werden Darstellungsformen wie Diagramme oder strukturierter Text.[68] Dynamische Tests werden am bereits ausführbaren Code durchgeführt. Verifiziert wird dieser durch die Ausführung von kontrollierten Testfällen, validiert wird unter Verwendung von Echtdaten.[69]

---

60 DIN EN ISO 8402, zitiert nach Klein, Martin: Einführung in die DIN-Normen, a. a. O., S. 294.

61 Vgl. Thaller, Georg E.: Software-Test, Verifikation und Validation, a. a. O., S. 19.

62 Alpar, Marcel: Professionelle Softwaretests, a. a. O., S. 37.

63 DIN EN ISO 8402, zitiert nach Klein, Martin: Einführung in die DIN-Normen, a. a. O., S. 294. Pol et al. verwenden als Synonyme für Verifizierung und Validierung die Begriffe „Prüfen" und „Testen". Dieser Auffassung wird hier nicht gefolgt.

64 Vgl. Thaller, Georg E.: Software-Test, Verifikation und Validation, a. a. O., S. 19.

65 Alpar, Marcel: Professionelle Softwaretests, a. a. O., S. 37.

66 Vgl. Perry, William: Effective Methods for Software Testing, a. a. O., S. 32.

67 Vgl. Alpar, Marcel: Professionelle Softwaretests, a. a. O., S. 39.

68 Vgl. Müller, Uwe: Prüf- und Testprozesse in der Softwareentwicklung, a. a. O., S. 20.

69 Vgl. Alpar, Marcel: Professionelle Softwaretests, a. a. O., S. 39.

- White Box- und Black Box-Test (struktureller und funktionaler Test)

Ein *White Box–, Glass Box–* oder auch *struktureller Test* wird auf Grundlage des Programmcodes einer Software durchgeführt, oft durch den Programmierer selbst.[70] White Box-Tests basieren meist auf Logik. Bei den im folgenden behandelten Tests handelt es sich dagegen überwiegend meist um *Black Box-Tests*, die eine Software nach dem Systemverhalten beurteilen, ohne internes Verhalten oder die Struktur zu berücksichtigen.[71] Black Box-Tests sind in der Regel datengetrieben.[72] Neben dem funktionalen Test der ausführbaren Programmteile umfasst der Black Box-Test auch die Überprüfung von technischer Leistungsfähigkeit oder der Güte der Testfälle selbst.[73]

Testfälle für Funktionstests können positiv oder negativ gestaltet sein. Positive Testfälle überprüfen, ob das Programm tut, was es tun soll. Negative Testfälle fragen, ob das Programm nicht tut, was es nicht tun soll.[74] Jeder Testlauf kann sofort abgebrochen werden kann, wenn ein positiver Testfall nicht funktioniert.[75] Umgekehrt existiert für jede gültige Bedingung mindestens eine ungültige Eingabe.[76] Sobald ein Programm den positiven Test besteht, wird in negativen Testfällen oder Forced-Error Tests versucht, durch Eingabe von ungültigen Werten Fehler zu erzeugen.[77] Im Prinzip muss jede Eingabe geprüft werden, die ein Benutzer mit einer Tastatur erzeugen kann.[78]

Für sich genommen führen weder White Box- noch Black Box-Tests zu ausreichenden Ergebnissen. Bereits Myers[79] empfiehlt daher für einen umfassenden Test die Verwendung beider Verfahren. In jüngerer Zeit wird unter dem Stichwort „Gray Box Test" verstärkt eine kombinierte Methode diskutiert.[80] Dies kann beispielsweise

---

70 Vgl. Kaner, Cem; Falk, Jack; Nguyen, Hung Choc: Testing Computer Software, a. a. O., S. 41f..

71 Vgl. Myers, Glenford J.: Methodisches Testen von Programmen, a. a. O., S. 7.

72 Vgl. Perry, William: Effective Methods for Software Testing, a. a. O., S. 32.

73 Vgl. Thaller, Georg E.: Software-Test, Verifikation und Validation, a. a. O., S. 112.

74 Vgl. Thaller, Georg E.: Software-Test, Verifikation und Validation, a. a. O., S. 112.

75 Kaner, Cem; Falk, Jack; Nguyen, Hung Choc: Testing Computer Software, a. a. O., S. 6.

76 Vgl. Nguyen, Hung Quoc: Testing Applications on the Web, New York u. a.: Wiley 2001, S. 190.

77 Vgl. Nguyen, Hung Quoc: Testing Applications on the Web, a. a. O., S. 42.

78 Kaner, Cem; Falk, Jack; Nguyen, Hung Choc: Testing Computer Software, a. a. O., S. 18.

79 Vgl. Myers, Glenford J.: Methodisches Testen von Programmen, a. a. O., S. 35f..

80 Vgl. Nguyen, Hung Quoc: Testing Applications on the Web, a. a. O., S. 6.

bedeuten, dass Black-Box-Testfälle auf Basis der zugrundeliegenden Algorithmen oder Architekturen entworfen werden.

2.2.4 Testphasen und Testobjekte

Analytische Qualitätssicherung ist eng mit konstruktiver Qualitätssicherung verknüpft, insbesondere mit der Anwendung von Prozessmodellen für die Softwareentwicklung. Diese Prozessmodelle existieren in vielen Variationen, doch beinhalten alle Modelle neben Anforderungsermittlung, Design und Programmierung auch eine Phase für den Test des Systems.[81]

Die Testphase wird in klassischen Prozessmodellen, etwa dem Wasserfallmodell, erst am Ende des Entwicklungsprozesses angesiedelt.[82] Dieses Vorgehen ist jedoch aus zwei Gründen von Nachteil: Zum einen entstehen rund zwei Drittel aller Fehler in einem Softwaresystem bereits während der Anforderungsermittlung und dem Design.[83] Zum anderen steigen die Kosten für die Fehlerbeseitigung mit jeder Phase des Entwicklungsprozesses stark an.[84] Beispielsweise wird die Änderung einer Eingabemaske in der Design-Phase lediglich schriftlich festgehalten und später danach programmiert. Im fertigen Programm muss für diese Änderung dagegen möglicherweise die zugrundeliegende Datenstruktur angepasst werden. Bei der Betrachtung der Kosten für die Fehlerbeseitigung sind dabei nicht nur Kosten für die Änderungen zu berücksichtigen. Der Programmieraufwand zur Erstellung der Fehler ist ebenfalls einzurechnen.[85]

Moderne Ansätze verstehen einen effizienten Testprozess daher als unterstützenden und integralen Bestandteil der gesamten Entwicklung.[86] Im Rahmen dieses Life-Cycle-Testing werden in jeder Phase des Entwicklungsprozesses die vorliegenden Zwischenergebnisse verifiziert und validiert.[87] Als bekanntestes Prozessmodell folgt das V-Modell[88] diesem Prinzip.

---

81 Vgl. Thaller, Georg E.: Software-Test, Verifikation und Validation, a. a. O., S. 17.

82 Vgl. beispielsweise Myers, Glenford J.: Methodisches Testen von Programmen, a. a. O., S. 107.

83 Vgl. Perry, William: Effective Methods for Software Testing, a. a. O., S. 56.

84 Vgl. Thaller, Georg E.: Software-Test, Verifikation und Validation, a. a. O., S. 33.

85 Vgl. Perry, William: Effective Methods for Software Testing, a. a. O., S. 55f..

86 Vgl. Müller, Uwe: Prüf- und Testprozesse in der Softwareentwicklung, a. a. O., S. 22.

87 Vgl. Perry, William: Effective Methods for Software Testing, a. a. O., S. 22f.

88 Vgl. zum V-Modell: Bröhl, Adolf-Peter; Dröschel, Wolfgang: Das V-Modell, 2. Aufl., München; Wien: Oldenbourg 1995.

Aus dem Entwicklungsprozess ergeben sich als Testobjekte Systemanforderungen und Spezifikationen, funktionelles und technisches Design sowie das eigentliche Programm. Letzteres wird in der Regel in mehreren Stufen getestet, zunächst einzelne Module und deren Integration, schließlich das Gesamtsystem und dessen Akzeptanz beim Benutzer.[89] Korrekturen und geänderte Objekte werden in Regressionstests wiederum auf Fehlerfreiheit der Korrektur geprüft. Die Testphase der Entwicklung sollte nach diesem Konzept nur noch die „last line of defense against defects entering the operational environment"[90] sein. Einen zusammenfassenden Gesamtüberblick über Testobjekte und -methoden gibt Abbildung 3.

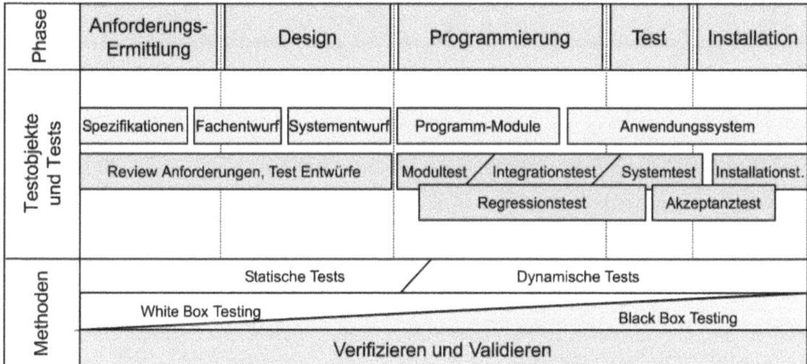

Abb. 3:   Testobjekte, -arten und -methoden in den Phasen der Softwareentwicklung vgl. FN 87

Jeder Test besteht seinerseits aus den Phasen Planung, Vorbereitung, Durchführung und Auswertung. Auf Planung und Vorbereitung sollte dabei nach gängiger Meinung etwa zwei Drittel des Aufwandes verwandt werden, denn „if you fail to plan – plan to fail!"[91].

---

89   Vgl. Alpar, Marcel: Professionelle Softwaretests, a. a. O., S. 28.
90   Perry, William: Effective Methods for Software Testing, a. a. O., S. 181.
91   Perry, William: Effective Methods for Software Testing, a. a. O., S. 41.

3   Test von Web Sites: Eine Bestandsaufnahme

3.1   Träger und Schwerpunkte der Diskussion

3.1.1 Allgemeine Quellenlage

Bei der Betrachtung der Diskussion um den Test von Software zeigt sich eine deutliche Diskrepanz zwischen dem hohen zeitlichen und finanziellen Anteil von Tests an der Software-Entwicklung einerseits und deren Berücksichtigung bei der Ausbildung etwa von Informatikern andererseits: „Testen der Software ist keine Tätigkeit, die gelehrt wird"[92]. Während Projektmanagement ebenso zum Lehrprogramm gehört wie Programmiersprachen, werden analytische Aspekte nur am Rande betrachtet. Kaum einen Zweifel offen lassen Kaner et al.[93]: „We've interviewed and hired a lot of testers. We have yet to meet a computer science graduate who learned anything useful about testing at a university." Auch wird bezweifelt, dass sich dies in der nächsten Dekade ändert. Tatsächlich befasst sich an deutschen Universitäten kaum ein halbes Dutzend Lehrstühle damit, selbst in den USA findet sich Testmethodik kaum in den Curricula.

Dem entsprechend ist der Test von Software eine Praktikerdomäne. Bis auf wenige Ausnahmen wurden die maßgeblichen Bücher von erfahrenen Testern geschrieben. Zudem ist die Literatur relativ stark spezialisiert. Selbst in Fachzeitschriften zur Wirtschaftsinformatik und anderen IT-Magazinen finden sich nur wenige Beiträge zum Testen. Eine wichtige Rolle spielen testspezifische Fachzeitschriften wie „Software Testing and Quality Engineering"[94] sowie Tester-Communities und –Plattformen im Internet.[95] Dies bedeutet zum einen, dass Beiträge oftmals nur eine relativ einseitige Perspektive aus dem Spezialgebiet des Autors behandeln, und zum anderen, dass die Qualität und fachliche Fundierung oft nur sehr schwer einzuschätzen ist.

Auch die spezielle Diskussion um den Test von Web Sites wird im wesentlichen von Programmierern und Web Designern, von Beratungsunternehmen sowie von Anbietern von Testsoftware getragen. Aus dem Bereich der Programmierer finden sich in der Regel sehr pragmatische Ansätze, etwa Beschreibungen einzelner Testtechniken. Spezialisierte Beratungsunternehmen für die Durchführung von unabhängigen

---

92   Thaller, Georg E.: Software-Test, Verifikation und Validation, a. a. O., S. 134.

93   Kaner, Cem; Falk, Jack; Nguyen, Hung Choc: Testing Computer Software, a. a. O., S. ix.

94   Informationen unter: http://www.stqemagazine.com

95   Siehe u. a. International Software Testing Institute, URL: http://www.softtest.org oder STORM –
      Software Testing Online Ressources, URL: http://www.mtsu.edu/~storm.

Software-Tests haben in den USA eine lange Tradition. Aus deren Umfeld stammen eher umfassende Testmodelle, –methoden und –strategien. Auch Anbieter von Testsoftware befassen sich intensiv mit der Methodenunterstützung, jedoch scheinen hier theoretische Überlegungen oft zu sehr auf das Funktions-Set der eigenen Software abgestimmt.[96]

Von einer fundierten wissenschaftlichen Auseinandersetzung um den Test von Web Sites kann demnach bislang nicht die Rede sein. Dagegen ist die Grundsatz-Diskussion um die Qualität der web-basierten Geschäftsabwicklung, um Sicherheit und Verbraucherschutz längst ein Politikum.[97] In diesem Umfeld nehmen daher Gesetze und normative Institutionen wie DIN, EN, ISO oder das Institute of Electrical und Electronics Engineers (IEEE) eine herausgehobene Stellung ein. Von solchen Institutionen herausgegebene Normen und Standards liefern eine wichtige Leitlinie für den Test.

Während verbindlicher Normen eingehalten werden müssen, stellen offene Normen dagegen lediglich eine Zielvorgabe dar. Zertifizierungen aufgrund von Normen können ein wichtiges Qualitäts- und Erfolgs-Kriterium für Web Sites sein. Aus diesem Grund haben sich mittlerweile eine Vielzahl von Prüfsiegeln für die Bewertung von Online-Angeboten etabliert.[98] Diese überprüfen individuell festgelegte Leistungsmerkmale, Sicherheitsstandards oder ähnlichen Sachverhalte, etwa die AGB, Datenschutz, Belehrungspflichten, Datensicherheit, Ergonomie, oder Fulfillment. Abzugrenzen ist dies von Logos, die auf ungeprüften Selbstverpflichtungen basieren.

3.1.2 Schwerpunkte der Untersuchung

Im Folgenden soll ein kurzer Überblick über den Stand der aktuellen Diskussion um den Test von Web Sites gegeben werden. Die Untersuchung erhebt dabei keinen Anspruch auf Vollständigkeit oder Repräsentativität. Dies wäre vor dem Hintergrund der Menge

---

96 Vgl. beispielsweise o. V.: Best Practices – Ensuring Good Customer Experience through eBusiness Quality Testing, Watchfire 2000, Online im Internet: http://www.e-global.es/008_watchfire_best.pdf, 01.09.2001 oder Nagridge, Tamara: Web Testing in All Four Directions, in: Compuware Intelligence, Januar 2001, Online im Internet: http://www.compuware.com/intelligence/articles/200101_topstory.htm.

97 Merx, Oliver; Vierl, Markus: Qualität und Qualitätskriterien im E-Commerce, in: Management-Handbuch Electronic Commerce, Grundlagen, Strategien, Praxisbeispiele, Hrsg.: Hermanns, Arnold; Sauter, Michael, 2. völlig überarb. u. erweiterte Auflage, München: Vahlen 2001, S. 88.

98 Vgl. E-Commerce-Center Handel (Hrsg.): Die Begriffe des eCommerce, Frankfurt a. M.: F.A.Z.-Institut für Management-, Markt und Medieninformationen 2001, S. 45.

an Publikationen, Aufsätzen, Artikeln und Internetseiten kaum möglich. Allerdings wurden Quellen aus allen hier vorgestellten Autoren-Gruppen berücksichtigt. Schwerpunktmäßig wurden wichtige wissenschaftliche Fachzeitschriften und eBusiness-bezogene Institutionen evaluiert und die Ergebnisse mit Beiträgen bekannter Autoren aus der Praxis, großer Unternehmen und populärer Communities ergänzt.

Viele der untersuchten Beiträge beschäftigen sich mit speziellen Einzelaspekten des Tests von Web Sites. Deshalb soll zunächst anhand von insgesamt 24 umfassenderen Ansätzen der konzeptionelle Stand der Diskussion beleuchtet werden. Die Schwerpunkte der Diskussion sind dabei

- Notwendigkeit des Tests: Warum sollen Web Sites getestet werden?

- Qualität und Qualitätskriterien: Auf was sollen Web Sites geprüft werden?

- Konzepte und Vorgehensmodelle: Wie sollen Web Sites getestet werden?

- Testbereiche: Welche Merkmale einer Web Site sollen getestet werden?

Ein weiterer bedeutender Diskussionsgegenstand ist die Automatisierung von Tests. Da es sich dabei jedoch mehr um ein technisches als um ein konzeptionelles Problem handelt, wird dieser Punkt aus der Betrachtung zunächst ausgeklammert und erst im Rahmen der Testmethoden betrachtet.[99]

3.2   Notwendigkeit eines Tests von Web Sites

Die Frage nach der Notwendigkeit eines Tests von Web Sites ist nicht so trivial, wie sie auf den ersten Blick anmutet. Dies lehren Erfahrungen mit dem Test von traditioneller Software: Die Forderung nach systematischer Entwicklung und Tests von Software besteht bereits seit der „Software-Krise" in den sechziger Jahren des letzten Jahrhunderts.[100] Tatsächlich werden auch zwischen 30 und 80 % der Budgets für Softwareentwicklung in der Regel für den Test verwendet.[101] Dennoch sind die Fehlerquoten in Software nahezu unverändert geblieben; in Windows-Systemen trat 1996 durchschnitt-

---

99   Siehe Kapitel 4.10.

100 Gillies, Allan C.: Software Quality – Theory and management, a. a. O., S. 154.

101 Laut Thaller beträgt der Aufwand 30-50 %, vgl. Thaller, Georg E.: Software-Test, Verifikation und
     Validation, a. a. O., S. 134. Kaner schätzt den Aufwand auf 40-80 %, vgl. Kaner, Cem; Falk, Jack;
     Nguyen, Hung Choc: Testing Computer Software, a. a. O., S. 23.

lich alle 42 Minuten ein Fehler auf.[102] Die wirtschaftlichen Schäden von fehlerhafter Software werden in einer neueren Studie allein für Großbritannien auf rund 225 Milliarden Pfund pro Jahr geschätzt.[103]

Testen gilt als „teuer, zeitaufwendig, langweilig und schwer zu organisieren"[104]. Tests werden häufig nicht geplant oder geplante Tests nicht durchgeführt; sie sind selten entwicklungsunabhängig und meistens unsystematisch, finden erst am Ende der Entwicklung statt und werden vom Management kaum unterstützt.[105] In der Theorie ist Testen immer in einen methodischen Entwicklungsprozess integriert. Das erfolgreichste und meistverkaufte Buch zum Thema Software-Test beginnt dagegen mit den Worten „This book is about doing testing when your coworkers don't, won't and don't have to follow the rules"[106].

Auch wenn die mangelnde Anwendung in der Praxis nicht zwingend ein Argument gegen die Notwendigkeit oder Gültigkeit einer Methode ist, so kann dieses Faktum auch nicht gänzlich unberücksichtigt bleiben. Wie bereits dargelegt, muss Testen ökonomisch begründet sein. Die flächendeckend fehlende Anwendung der bekannten Methoden könnte ein Hinweis darauf sein, dass Testen von Software trotz der bekannt hohen Folgekosten für den Anbieter unökonomisch ist. Eine solche Erkenntnis hätte weitreichende Auswirkungen auf die Gestaltung von Testmethoden und –strategien, denn ohne eine wirtschaftliche Begründung ist die Forderung nach einem systematischen Test betriebswirtschaftlich nicht sinnvoll. Um diese Möglichkeit und die Relevanz für den Test von Web Sites zu überprüfen, sind zwei Fragen zu beantworten:

- Welche Ursachen und Begründungen gibt es für den Verzicht auf systematisches Testen von Software?

---

102 Litzba, Ulrike: Das ungeliebte Stiefkind der DV: Testing muß besser werden, in: Computerwoche 51/1996, S. 9f.

103 Die „Rage against the machine"-Studie wurde im 1999 mit über 1200 Angestellten durch die Firma Compaq durchgeführt. Vgl. Göldner, Rudolf: A Cost-Benefit Model for Software Testing, in: Software Quality – State of the Art in Management, Testing and Tools, Hrsg.: Wieczorek, Martin; Meyerhoff, Dirk, Berlin u. a.: Springer 2001, S. 128f..

104 Litzba, Ulrike: Das ungeliebte Stiefkind der DV: Testing muß besser werden, a. a. O., S. 9.

105 Ergebnisse einer empirischen Bestandsaufnahme der aktuellen Situation in deutschen Softwareunternehmen und Entwicklungsabteilungen, vgl. Müller, Uwe: Prüf- und Testprozesse in der Softwareentwicklung, a. a. O., S. 283-286.

106 Kaner, Cem; Falk, Jack; Nguyen, Hung Choc: Testing Computer Software, a. a. O., S. vii. Illustriert wird dies im ironisch-realistischen Entwicklungsprozess (Auszug): Announce Product – Order t-Shirts – Coding – Design – Accept Orders – Testing – Write test plan – Write specifications, S. 262.

- Gelten die gleichen Bedingungen auch für eine Web Site und ist der Verzicht auf einen Test der Web Site gerechtfertigt?

Die mangelnde praktische Testqualität ist einerseits auf organisatorische Faktoren wie etwa mangelnde Managementakzeptanz zurückzuführen und hängt andererseits von projektspezifischen Faktoren wie der Art des Entwicklungsauftrags ab.[107] Diese Faktoren gelten bei Web Sites vermutlich analog. Die Entwicklung von Web Sites verlief bislang oft ad hoc „and many systems have been kept running through a continual stream of patches“[108]. Dieses Vorgehen wird durch die Größe und Komplexität von Web Sites zwangsläufig zu Qualitätseinbußen führen. Eine kommerzielle Site besteht laut Forrester Research aus durchschnittlich 8000 Seiten, jeder zweite Webmaster betreut 2-5 davon gleichzeitig.[109] Web Sites großer Unternehmen können auch weit über 100.000 Seiten enthalten, die aktuell und konsistent gehalten werden müssen.[110] Ohne systematische Entwicklung und Tests ist dies kaum darstellbar.

Andererseits hängt das Vorgehen beim Testen wesentlich vom Wettbewerbsumfeld und Kundenerwartungen ab. Eine Software wird immer im Spannungsfeld zwischen Funktionalität, Zeit, Qualität und Kosten entwickelt.[111] Höhere Produktqualität verursacht Kosten, Kunden sind jedoch nicht immer bereit, die daraus resultierenden höheren Preise für Software zu bezahlen.[112] In neuen Märkten mit wenigen vergleichbaren Software-Produkten sind Qualitätsanforderungen in der Regel geringer, eine schnelle Marktpräsenz ist entscheidend. In reifen Märkten mit etablierten Standards werden Konkurrenzprodukte dagegen anhand der Qualität unterschieden.[113] Völlig unabhängig davon ist der vielleicht wichtigste marktbezogene Grund für fehlende Tests ist jedoch, dass sich die Kunden an mangelnde Qualität von Software gewöhnt haben.[114]

---

107 Vgl. Müller, Uwe: Prüf- und Testprozesse in der Softwareentwicklung, a. a. O., S. 42f.

108 Murugesan, San et al.: Web Engineering: A New Discipline for Development of Web-Based Systems, a. a. O., S. 3.

109 Vgl. Porst, Axel: Content Management und Workgroup Computing, in: e-gateway, Electronic Commerce Forum, Online im Internet: http://www.e-gateway.de/eco/contentman.cfrr, 01.09.2001.

110 Vgl. Eggenberger, Christian; Klein, Stefan: Wie binde ich eCommerce in das Unternehmen ein? – Interne Organisation, in: eCommerce – Einstieg, Strategie und Umsetzung im Unternehmen, Hrsg.: Albers, Sönke et al., 2. überarb. u. erw. Aufl., Frankfurt a. M.: F.A.Z.-Institut für Management-, Markt- und Medieninformationen GmbH 2000, S. 182.

111 Vgl. Göldner, Rudolf: A Cost-Benefit Model for Software Testing, a. a. O., S. 126.

112 Vgl. Müller, Uwe: Prüf- und Testprozesse in der Softwareentwicklung, a. a. O., S. 37.

113 Vgl. Müller, Uwe: Prüf- und Testprozesse in der Softwareentwicklung, a. a. O., S. 38.

114 Vgl. Litzba, Ulrike: Das ungeliebte Stiefkind der DV: Testing muß besser werden, a. a. O., S. 9.

Diese Marktfaktoren haben sich in Bezug auf Web Sites radikal gewandelt. Der Preis als wichtiges Vergleichs- und Auswahl-Kriterium fällt weg. Die Nutzung von Web Sites ist in der Regel kostenlos und die Mehrheit der Konsumenten ist auch nicht bereit, dafür zu bezahlen.[115] Zudem sind die Seiten sehr leicht zu vergleichen, eine Kompatibilität zum eigenen System ist in jedem Fall gegeben und die Kosten für einen Anbieter-wechsel (Sunk Costs) liegen bei nahezu Null. Diese Vergleichbarkeit führt zu einem scharfen Wettbewerb um die Kunden. Auch die Unterscheidung zwischen neuen und reifen Märkten ist aufgehoben, funktional äquivalente Web Sites sind schnell erstellt und die Marktzyklen im Imitationswettbewerb entsprechend kurz.[116] Schon die einfache Existenz einer Web Site impliziert für Kunden automatisch, dass das Geschäft vollständig eBusiness-fähig ist.[117] Die aktuelle Best Practice wird schnell erkannt und eingefordert, die Kosten der Umsetzung spielen für den Kunden keine Rolle. Dies liegt auch darin begründet, dass Konsumenten im Netz aktiv werden müssen anstatt nur zu rezipieren. Dafür wird eine Belohnung erwartet.[118]

Zudem zeigen Studien, dass die Fehlertoleranz der Kunden im Web extrem niedrig ist. Wenn eine Anwendung nicht funktioniert, kann kein Verkäufer manuell die Situation retten – der Kunde ist frustriert und wendet sich oft einfach an die Konkurrenz.[119] Besonders problematisch ist dies, wenn elektronische Systeme bereits bestehende Interaktionsfunktionen wie Telefon-Hotlines ersetzen. Fehlfunktionen können hier stabile Geschäftsbeziehungen zu loyalen Kunden torpedieren.[120] Zu den Qualitäts-Anforderungen der Kunden zählen auch die Geschwindigkeit, mit der Angebote in Anspruch genommen werden können. Zu den Kriterien dieser „Instant-Mentalität" [121] zählen sowohl die Performance der Site selbst als auch die Lieferzeiten der Waren.

---

115 Vgl. o. V.: Einkaufen im Web verliert seinen Reiz, a. a. O., S. 4.

116 Vgl. Eggenberger, Christian; Klein, Stefan: Wie binde ich eCommerce in das Unternehmen ein? – Interne Organisation, a. a. O., S. 181.

117 o. V.: Up and Running in 'Net Time, in: Compuware Intelligence, 01/1999, Online im Internet: http://www.compuware.com/intelligence/articles/199901_nettime.htm

118 Vgl. Lankau, Ralf: Webdesign und –publishing, Projektmanagement für Websites, München u. a.: Hanser 2000, S. 82.

119 Vgl. o. V.: Reliability of e-commerce applications, in: Compuware Intelligence, Online im Internet: http://www.compuware.com/intelligence/articles/roundtable.htm, 01.09.2001.

120 Vgl. Seybold, Patricia, mit Marshak, Ronni T.: koenig.kunde.com, Wie erfolgreiche Unternehmen im Internet Geschäfte machen, München; Düsseldorf: Econ 1999, S. 29.

121 Vgl. Weinstein, Anja: Flotte Sites bevorzugt, a. a. O., S. 38.

24 % der Nutzer besuchen eine problembehaftete Site nicht wieder und je erfahrener ein Internet-Nutzer ist, desto geringer wird seine Toleranzschwelle.[122] Besonders wichtig für Unternehmen ist die fehlende Rückmeldung bei Problemen. Bei Fehlern in traditioneller Software-Systemen wenden sich Kunden an Service-Hotlines. Im Internet verlassen 96 % der enttäuschten Kunden eine fehlerhafte Seite kommentarlos.[123] Diese fehlende Rückkopplung muss demnach im Haus durch Tests kompensiert werden.

Zusammenfassend lässt sich sagen, dass die Qualität und damit auch der systematische Test von Web Sites aufgrund der hohen Kundenanforderungen und Vergleichbarkeit wesentlich wichtiger ist als bei traditionellen Software-Systemen. Dem trägt die aktuelle Praxis jedoch keine Rechnung, Schätzungen zufolge übergeht die Hälfte aller Unternehmen den Test der Web Site wegen fehlender Zeit, Ressourcen oder Infrastruktur.[124]

3.3   Qualität und Qualitätskriterien von Web Sites

Qualität ist laut Kitchenham[125] ‚hard to define, impossible to measure, easy to recognise'. Dieser Grundsatz gilt auch für die Qualität von Web Sites. Zwar können Kunden oft sehr eindeutig bestimmen, dass ihnen eine Site zusagt, aber nicht warum. Ohne Qualitätskriterien als Zielvorgaben ist ein Test jedoch unmöglich. Zur Messung von Qualität werden daher in der Regel Kriterienkataloge entwickelt, die im Test beispielsweise mit Punkten bewertet werden können. Im engeren Sinne sind diese Testfaktoren nichts anderes als positiv formulierte Risiken.[126] Die konkrete Ausgestaltung dieser Kataloge ist dabei durch zwei Aspekte bestimmt: Zum einen durch den Verwendungszweck, also die Form des angestrebten Tests, zum anderen durch das theoretische Konstrukt, aus dem die Kriterien abgeleitet werden.

Der Verwendungszweck kann entweder der isolierte Test der einzelnen Web Site oder der vergleichende Test mehrerer Web Sites sein. Der isolierte Test soll die Qualität eines Produktes anhand seiner Anforderungen oder einem Standard bestimmen. Ein Vergleichstest, auch als Evaluation bezeichnet, prüft, was das Produkt von seinen

---

122 o. V.: Up and Running in 'Net Time, a. a. O..
123 Vgl. Weinstein, Anja: Flotte Sites bevorzugt, a. a. O., S.39.
124 Vgl. Nagridge, Tamara: Web Testing in All Four Directions, a. a. O..
125 Zitiert nach: Gillies, Allan C.: Software Quality – Theory and management, a. a. O., S. 1.
126 Vgl. Perry, William: Effective Methods for Software Testing, a. a. O., S. 26.

Konkurrenzprodukten unterscheidet.[127] Während isolierte Tests stets vom Anbieter der Web Site durchgeführt werden, werden Evaluationen auch von Instituten, Zeitschriften oder Kunden durchgeführt.

Die Qualitätskriterien beider Formen können weitgehend übereinstimmen. Kataloge zur Evaluation sind aber oft umfassender, da hier auch Anforderungen aufgelistet werden, auf die ein einzelner Anbieter absichtlich oder unabsichtlich verzichtet hat. Da fehlende Anforderungen auch zu Softwarefehlern zählen, ist dies nicht ganz unwichtig. Evaluationen zur Bestimmung der technischen Leistungsfähigkeit einer bestimmten Hardware/Software-Kombination werden als Benchmarks bezeichnet.[128] Während Evaluationen und isolierte Tests auch qualitative Merkmale beinhalten können, beinhalten Benchmarks ausschließlich konkret messbare Größen.

Nur die Hälfte der hier betrachteten Aufsätze nennt explizite Qualitätskriterien. Diese könnten aus einer Vielzahl von Theorien abgeleitet werden. Jedoch beschränkt sich die Mehrheit der untersuchten Autoren auf eine nicht näher begründete Aufzählung verschiedener Kriterien oder auf die Übernahme bestehender Normen für traditionelle Software. Lediglich Olsina et al.[129] ergänzen die ISO-Kategorien mit einem empirisch überprüften Katalog von über hundert web-spezifischen Kriterien und Messgrößen.

Zwei konzeptionelle Ansätze leiten sich dagegen aus wirtschaftswissenschaftlichen Modellen ab. Diese sollen hier kurz vorgestellt und anschließend mit den Katalogen abgeglichen werden.

Schubert und Selz[130] sowie Liu und Arnett[131] wählen als Ausgangspunkt für die Ableitung von Qualitätskriterien die Transaktionsphasen der Marktaktivitäten. Die Kommunikation des Anbieters erfüllt in jeder Phase spezifische Funktionen: In der Pre-

---

127 Vgl. Kaner, Cem; Falk, Jack; Nguyen, Hung Choc: Testing Computer Software, a. a. O., S. 34.

128 Vgl. Thaller, Georg E.: Software-Test, Verifikation und Validation, a. a. O., S. 122.

129 Olsina, Luis; Lafuente, Guillermo; Gustavo Rossi: Specifying Quality Characteristics and Attributes for Websites, in: Web Engineering – Managing Diversity and Complexity of Web Application Development, Hrsg.: Murugesan, San; Deshpande, Yogesh, Lecture Notes in Computer Science, Vol. 2016, Berlin u. a.: Springer 2001, S. 269f.. Dieser Katalog bezieht sich jedoch ausschließlich auf akademische Web Sites.

130 Schubert, Petra; Selz, Dorian: Web Assessment – Measuring the Effectiveness of Electronic Commerce Sites Going Beyond Traditional Marketing Paradigms, Online im Internet: http://www.businessmedia.org/netacademy/publications.nsf/all_pk/1142/$file/psc_dse_hicss99.pdf? OpenElement&id=1142, 01.09.2001.

131 Liu, Chang; Arnett, Kirk: A Propsed Research Model for Appraisal and Evaluation of the Design Quality of Web Sites in the Context of Electronic Commerce, Online im Internet: http://www.e-lobal.es/010_liu_proposed.pdf, 01.09.2001.

Sales- oder Informations-Phase muss der Kunde informiert, erinnert und überzeugt werden, in der (online) Sales- oder Agreement-Phase muss das Vertrauen des Kunden gewonnen werden und in der After Sales- oder Settlement-Phase wird weiterer Service angeboten.[132] Daraus ergeben sich Anforderungen an die Informationsqualität, Lernbarkeit und den Spaßfaktor (Attractiveness), an Sicherheit, Usability und Systemqualität (Trustfulness) sowie an Prozesse und Service Qualität (Satisfaction).[133] Schubert und Selz[134] ergänzen die Kriterien der Transaktionsphasen dabei noch um Merkmale der eBusiness-spezifische Komponente „Community", wie etwa Einzigartigkeit oder Vorteile einer Mitgliedschaft.

Ein zweites Konzept leitet Qualitätskriterien aus den Kundenbedürfnissen ab. Dem liegt die Überlegung zugrunde, dass Kunden im Internet einen ‚Lebenszyklus' durchlaufen[135]. In jeder Phase, vom ersten spaßorientierten Besuch bis zur vollständigen elektronischen Geschäftsabwicklung, muss eine Web Site bestimmte Bedürfnisse befriedigen. Denn der Durchlauf der Phasen hängt zum einen von der Lernbereitschaft des Kunden ab, zum anderen aber von der Überwindung technischer Hürden sowie Kunden-Einstellungen und -Ängsten:

- Die Phase *‚e-leisure'* bezeichnet die Nutzung von Web Sites zum Zeitvertreib, wichtig sind daher Zielgruppengenauigkeit, Benutzerfreundlichkeit, Vielseitigkeit und Phantasie.[136]

- In der Phase *‚e-information'* wird gezielt nach Inhalten gesucht, entscheidend sind Transparenz, Übersichtlichkeit und Aktualität, aber auch Performance.[137]

---

132 Vgl. Liu, Chang; Arnett, Kirk: A Proposed Research Model for Appraisal and Evaluation of the Design Quality of Web Sites in the Context of Electronic Commerce, a. a. O., S. 309.

133 Vgl. Liu, Chang; Arnett, Kirk: A Proposed Research Model for Appraisal and Evaluation of the Design Quality of Web Sites in the Context of Electronic Commerce, a. a. O., S. 311.

134 Schubert, Petra; Selz, Dorian: Web Assessment – Measuring the Effectiveness of Electronic Commerce Sites Going Beyond Traditional Marketing Paradigms, a. a. O., S. 7.

135 Vgl. Beck, Susanne; Leutenegger, Jean-Marc: e-business aus Kundensicht – vom Web-Zapper zum treuen virtuelle Kunden, in: Das e-business Prinzip, Von Spinnern, Visionären und Realisten. Idee und Funktionsweise der neuen Wirtschaft, Hrsg.: IBM Consulting Group, Frankfurt a.M.: F.A.Z.-Institut für Management-, Markt- und Medieninformationen GmbH, 1999, S. 109.

136 Vgl. Beck, Susanne; Leutenegger, Jean-Marc: e-business aus Kundensicht – vom Web-Zapper zum treuen virtuelle Kunden, a. a. O., S. 111.

137 Vgl. Beck, Susanne; Leutenegger, Jean-Marc: e-business aus Kundensicht – vom Web-Zapper zum treuen virtuelle Kunden, a. a. O., S. 111 und 120f..

- In der Phase ‚*e-contact*' findet zum ersten Mal eine Interaktion statt, bewertet werden besonders Einfachheit der Kontaktaufnahme, Antwortzeit und –qualität sowie Personalisierung.[138]

- In der ‚*e-shopping*'-Phase sind insbesondere die Funktionalität des Systems sowie die Sicherheit und Zuverlässigkeit der Transaktion bedeutsam.[139]

- Die Phase ‚*e-service*' umfasst individuelle Auskünfte, Beratungen und Reklamationen. Qualitätskriterium ist hier besonders die Kontrollierbarkeit des Prozesses.[140]

Dieses Konzept darf nicht mit der einfachen Bestimmung verschiedener Kundenprofile oder Anwendertypen verwechselt werden.[141] Diese benennen zwar auch verschiedene Bedürfnisse, jedoch meist ohne Prozessbezug und nur innerhalb eines Qualitätskriteriums, beispielweise verschiedene Strukturmerkmale innerhalb der Kategorie „Informationsqualität".

Die transaktionsprozess- und die kundenorientierte Perspektive führen im Ergebnis zu sehr ähnlichen Ergebnissen. Eine Übersicht über die wesentlichen Qualitätskategorien und zugehörige Kriterien aus den einzelnen Phasen gibt Tabelle 1. Die einzelnen Kategorien sind dabei nicht ganz trennscharf, wie schon am Kriterium der Benutzbarkeit (Usability) deutlich wird. Auf diese Differenzen wird in späteren Kapiteln noch näher eingegangen.[142]

Vergleicht man diese Kriterien mit den oben genannten „Katalogen", so fallen zwei Dinge auf. Zum einen werden fast alle in den Katalogen genannten Merkmale bei der systematischen Ableitung erfasst. Bei nicht genannten Kriterien handelt es sich in der Regel um spezielle technische Fragen. Umgekehrt werden die hier gezeigten Kriterien und Kategorien in den Katalogen nur sehr unvollständig erfasst. Von neun Autoren nennen nur drei Inhalt und Prozessintegration als Kriterien. Sogar die Sicherheit wird nur von vier Autoren aufgeführt, obwohl diese aus Kundensicht zu den wichtigsten

---

138 Vgl. Beck, Susanne; Leutenegger, Jean-Marc: e-business aus Kundensicht – vom Web-Zapper zum treuen virtuelle Kunden, a. a. O., S. 112 und 119.

139 Vgl. Beck, Susanne; Leutenegger, Jean-Marc: e-business aus Kundensicht – vom Web-Zapper zum treuen virtuelle Kunden, a. a. O., S. 113 und 120.

140 Vgl. Beck, Susanne; Leutenegger, Jean-Marc: e-business aus Kundensicht – vom Web-Zapper zum treuen virtuelle Kunden, a. a. O., S. 113 und 121.

141 Vgl. etwa Merx, Oliver; Vierl, Markus: Qualität und Qualitätskriterien im E-Commerce, a. a. O., S. 93f.. und Kracklauer, Alexander; Seifert, Dirk: Kunden müssen kleben bleiben, in: IT Management, 07/2001, S.30.

142 Siehe Kapitel 3.5.

Kriterien überhaupt zählt. Dies legt den Schluss nahe, dass eine systematische Ableitung von Qualitätskriterien aus wirtschaftswissenschaftlichen Modellen eine vollständigere Perspektive auf die Qualität von Web Sites ermöglicht. Unternehmen sollten dies bei der Definition von Zielgrößen für Tests berücksichtigen.

Transaktionsphase	Kundenphase	Qualitätskategorie	Qualitätsmerkmale
Informations-Phase / Pre-Sales	e-leisure	Inhalt	Informationsqualität Zielgruppengenauigkeit Attraktivität / Design Aktualität
	e-information		
	e-contact	"technische" Systemqualität	Usability
Agreement-Phase / Online-Sales	e-shopping		Funktionalität Performance Verfügbarkeit Sicherheit Kompatibilität
Settlement-Phase / After-Sales	e-service	Prozessintegration	Reaktionszeiten Prozesskontrolle Personalisierung

Tab. 1:   Qualitätskategorien und wichtige Qualitätskriterien

Auch die Betrachtung der Quellen ist aufschlussreich. Von den fünf theorie- bzw. empiriefundierten Ableitungen entstammen vier der universitären Forschung und sind für die Verwendung im Rahmen der Evaluation bestehender Web Sites vorgesehen.[143] Alle Beiträge mit reinen Kriterien-Katalogen stammen von Testern, testspezialisierten Beratungen oder Anbietern von Test-Tools und beziehen sich auf den isolierten Test. Hier bestätigt sich die Anfangsvermutung, dass zur externen Evaluierung von Web Sites umfassendere Maßstäbe angelegt werden. Dies muss jedoch nicht bedeuten, dass für ein umfassendes Qualitätskonzept wissenschaftliche Studien zwingende Voraussetzung wären.

3.4   Konzepte und Vorgehensmodelle

Nachdem im Vorfeld gezeigt wurde, warum und gegen welchen Maßstab eine Web Site getestet werden kann, werden nun Modelle für den systematischen Test betrachtet.

---

143 Der Kunden-Lebenszyklus stammt aus einer Aufsatzsammlung der IBM-Consulting-Group zu den Grundlagen des eBusiness. Sie hat keinen unmittelbaren Bezug zum Test von Websites, kann aber ebenfalls zu den eher theoriegeleiteten Beiträgen gezählt werden.

Hierfür wurden insgesamt achtzehn Konzepte ausgewertet.[144] Jedoch ist zu bemerken, dass kein Modell aus dem akademischen Umfeld gefunden werden konnte, die untersuchten Aufsätze stammen ausschließlich von aktiven Testern, Beratern oder Tool-Anbietern. Allerdings wurde versucht, solche Beiträge auszuwählen, die wenigstens teilweise literaturbasiert und theoretisch fundiert sind.

Alle Konzepte weisen Auflistungen von Testbereichen auf, viele ordnen diesen auch konkrete Testmethoden zu. Bevor diese Testbereiche in Kapitel 4 zusammengetragen werden, sollen zunächst einige qualitative Aspekte analog zu den besprochenen Grundsätzen des Tests von traditioneller Software untersucht werden. Als zentrale Fragen ergeben sich:

- Werden die Notwendigkeit eines Tests, die Risikoadressierung des Tests oder mögliche Qualitätsmaßstäbe aufgezeigt?

- Wird das Konstrukt Web Site definiert und mögliche Testobjekte unterschieden?

- Wird der Test von Web Sites vom traditionellen Testen abgegrenzt?

- Wird ein Bezug zum Entwicklungsprozess der Web Site hergestellt?

- Wird zwischen Verifikation und Validation unterschieden?

- Wird die Strategie, Planung und Organisation des Tests diskutiert?

Alle Autoren begründen den Test von Web Sites zumindest oberflächlich, erwähnen die Notwendigkeit eines risikogerechten Tests und/oder nennen Qualitätskriterien. Allerdings beschränkt sich dies in der Hälfte der Beiträge tatsächlich auf wenige einleitende Hinweise. Und selbst wenn ausführlichere Qualitätskriterien oder Risikofelder beschrieben werden, dienen diese in den wenigsten Fällen als Grundlage für die Identifikation der Testfelder. So werden teilweise Qualitätskriterien genannt, die später nicht getestet werden.[145] Bemerkenswert ist, dass das erste Buch, dass sich ausschließlich und ausführlich mit dem Test von Web Applikationen beschäftigt,[146] auf Qualitätskriterien völlig verzichtet.

---

144 Die Evaluation von bestehenden Web Sites erfolgt in der Regel durch Fragebögen und entsprechende Methoden der empirischen Forschung. Dies wird im Folgenden nicht weiter berücksichtigt.

145 Vgl. beispielsweise ‚Usability‘ bei Ocampo, Gerry: Testing Considerations for Web-Enabled Applications, Testers' Network, September 1999, Online im Internet: http://www.veritest.com/testers'network/testing_considerations1.asp.

146 Nguyen, Hung Quoc: Testing Applications on the Web, a. a. O..

Definiert wird der Begriff Web Site in keinem Fall. Zwar erwähnen einige Autoren einzelne Bestandteile, aber nur drei Autoren erläutern alle technischen Komponenten einer Web Site, also etwa Server, Datenbanken, Vernetzung und User Interface.[147] Mehr als ein Drittel aller Autoren erwähnt überhaupt nicht, aus welchen Komponenten eine Web Site besteht. Dies ist insbesondere im Hinblick auf die Lokalisierung von Fehlern oder die Verursachung von Leistungsmängeln problematisch, da in der webspezifischen Systemarchitektur viele Unterschiede zum traditionellen Test begründet liegen.[148] Dreizehn Autoren erwähnen, dass die aufgeführte Testfelder als Ergänzung zum klassischen Test zu verstehen sind, fünf Autoren verzichten ganz auf eine Abgrenzung zum traditionellen Test. Nur drei Autoren analysieren die Unterschiede systematisch entweder auf wirtschaftlicher oder auf technischer Ebene.[149]

Jeweils elf Autoren stellen einen Bezug zum Entwicklungsprozess her oder erwähnen die Notwendigkeit einer Planung des Testprozesses. Aber auch dies beschränkt sich in den meisten Fällen auf den Hinweis, dass das Testen möglichst früh in den Entwicklungsprozess einbezogen werden sollte und dass aufgrund der meist knappen Zeit eine Planung notwendig ist. Wiederum nur zwei Autoren ordnen Testaktivitäten dem vollständigen Produktlebenszyklus zu.[150] Darüber hinaus konnte bei nur vier Autoren überhaupt eine Andeutung zur Validierung der Anforderungen der Web Site ausgemacht werden. Demnach werden die Planung der Tests ebenso wie Testaktivitäten der Anforderungsphase bislang vernachlässigt.

Zusammenfassend lässt sich sagen, dass keiner der untersuchten Beiträge ein wirklich umfassendes Konzept zum Test von Web Sites liefert. Einige Aspekte werden zwar von verschiedenen Autoren ausführlich diskutiert. Wie bei der Bestimmung der Qualitäts-

---

147 Vgl. Nguyen, Hung Quoc: Testing Applications on the Web, a. a. O., S. 23, Kaufmann, Eric: Testing Your Web site, Testsers' Network, November 1999, Online im Internet: http://www.veritest.com/testers'network/Web_testing1-1.asp und o. V.: Up and Running in 'Net Time, a. a. O..

148 Vgl. Courtney, Phillip E.: Testing e-commerce, Original erschienen in: Application Development Trends, Juli 1999, Online im Internet: http://www.adtmag.com/article.asp? id=3803.

149 Vgl. wirtschaftliche Perspektive: Brian, Christoph; Büchi, Markus: e-business-Testing – neue Herausforderungen, a. a. O., S. 231f. und Bazzana, Gualtiero: Ensuring the quality of Web Sites and E-Commerce Applications, a. a. O., S. 179f.; technische Perspektive: Nguyen, Hung Quoc: Testing Applications on the Web, a. a. O., S. 11.

150 Vgl. Brian, Christoph; Büchi, Markus: e-business-Testing – neue Herausforderungen, a. a. O., S.236 und Dibachi, Rhonda: Testing Electronic Commerce Websites, Original erschienen in: Software Testing & Quality Engineering, März/April 1999, Online im Internet: http://www.softtest.org/sigs/material/rdibachi.htm.

kriterien beschränken sich viele Autoren jedoch auch hier darauf, ohne systematische Herleitung einzelne Testbereiche und -methoden aufzulisten.

Der fehlende Hinweis auf eine Anforderungsermittlung und deren Validierung könnte darauf zurückzuführen sein, dass die Tester das Vorhandensein von korrekten Spezifikationen voraussetzen. Dagegen spricht jedoch die Erfahrung aus traditionellen Tests. Die fehlende Einbettung in den Entwicklungsprozess könnte ebenfalls darauf zurückzuführen sein, dass ein praktizierender Tester die Grundlagen des systematischen Tests von Software als bekannt und selbstverständlich voraussetzt. Hiergegen spricht jedoch die weitverbreitete Auffassung, dass Web Sites oft nicht von professionellen IT-Fachkräften entwickelt werden, da die Entwicklung einfacher wird und der hohe Personalbedarf nur schwer zu decken ist.[151] Dem entsprechend wird vermutet, dass das zusätzliche Personal seine Aufgabe „either in a hurry or simply badly"[152] ausführt oder „a general lack of familiarity with traditional software development environments"[153] aufweist. „That means programmers can create more functionality while understanding less about it than ever before. Bad software has never been so easy to create." [154]

Insgesamt scheint es jedoch eher so, als würde sich in der mühsamen und unsystematischen Konzeptentwicklung zum Test von Web Sites dieselbe Entwicklung wie bei traditionellen Software-Tests wiederholen: Es liegt „nicht an der Komplexität der Software-Programme selbst, dass sie so schwierig zu prüfen und zu testen sind, sondern vielmehr am Umgang mit dieser Komplexität."[155] Das rasante Wachstum von Umfang und Komplexität von Web Sites wurde unterschätzt, die Entwicklungs- und Testmethoden hinken den technischen Möglichkeiten weit hinterher.

---

151 Vgl. Bazzana, Gualtiero: Ensuring the quality of Web Sites and E-Commerce Applications, a. a. O., S. 180, Gutzman, Alexis D.: The Value of Testing, in: Insights – EC Tech Advisor, Online im Internet: http://ecommerce.internet.com/news/insights/ectech/article/0,,9561_740701,00.html., 11.04.2001 oder Brian, Christoph; Büchi, Markus: e-business-Testing – neue Herausforderungen, a. a. O., S. 232.

152 DiMaggio, Len: Software Testing in the Internet Age, International Software Test Institute Community 1997, Online im Internet: http://www.softtest.org/sigs/material/dimaggio1.htm.

153 Porter, P.: Toward an E-Commerce Testing Strategy, in: Compuware Intelligence, Online im Internet: http://www.compuware.com/intelligenge/articles/porter.htm, 01.09.2001.

154 Bach, James: Testing Internet Software, Original erschienen in: American Programmer, Dezember 1996, Online im Internet: http://www.veritest.com/testers'network/Inet1.asp.

155 Müller, Uwe: Prüf- und Testprozesse in der Softwareentwicklung, a. a. O., S. 5.

3.5   Testbereiche einer Web Site

In den vorliegenden Konzepten werden mehr als zwei Dutzend verschiedene Test-
bereiche in unterschiedlichsten Detaillierungsgraden unterschieden. Das „kürzeste"
Konzept umfasst nur zwei, das ausführlichste Konzept insgesamt dreizehn verschiedene
Testbereiche. Allerdings beziehen sich die meisten Autoren auf fünf bis sechs wichtige
Aspekte, darunter werden am häufigsten Performance und Kapazität, Funktionalität,
Usability und Sicherheit genannt. Die weiteren Testfelder stellen überwiegend sehr
spezialisierte, aber artverwandte Bereiche dar, die zu logischen Gruppen zusammen-
gefasst werden können. In dieser Hinsicht ist der Test von Design und Kompatibilität,
Zuverlässigkeit und Systemintegration sowie Regression Testing und Monitoring zu
nennen.[156]

Auch in diesem Fall sind die Abgrenzungen der einzelnen Bereiche nicht hinreichend
genau. Einige Aspekte werden von den Autoren unter verschiedenen Bezeichnungen
oder in verschiedenen Testfeldern angeführt. Die im Rahmen dieser Arbeit verwendete
Abgrenzung der einzelnen Testbereiche wird im Folgenden kurz erläutert. Die meisten
stimmen dem Namen nach mit Bereichen des traditionellen Softwaretests überein,
jedoch ist die Methodik teilweise eine andere.

- Design und Kompatibilität

  Das wohl verbreitetste und einfachste Testfeld „Design und Kompatibilität" umfasst
  die Korrektheit der Darstellung der einzelnen Web Pages. Der wichtigste Aspekt des
  Designs ist die Kompatibilität zu verschiedenen Client-Umgebungen im Sinne der
  fehlerfreien Darstellung in verschiedenen Hardware-Konfigurationen, Betriebssystemen und Web-Browsern.

- Funktionalität

  Wie jede traditionelle Software muss auch eine Web Site auf korrekte Ausführung
  von Kontroll-, Interaktions- und Transaktionsaktionsfunktionen sowie auf Identifikation von Falscheingaben geprüft werden.[157] Dies umfasst zum einen die Verifikation
  von Rechenoperationen und Eingaben, zum anderen die Validierung gegenüber den

---

156 Weitere nur einzeln genannte Bereiche sollen zunächst vernachlässig werden. Sie werden in Kapitel
    5.2 „Erweiterung der Testperspektive" näher berücksichtigt.

157 Vgl. Powers, Mike: Why Test the Web? How Much Should You Test?, Testers' Network, January
    2000, Online im Internet: http://www.veritest.com/testers'network/Web_testing 21.asp.

fachlichen Anforderungen.[158] Als wichtigste Basisfunktionalität von Web Sites ist die Verlinkung der Seiten zu prüfen.

- Zuverlässigkeit (Reliability)

Unter Reliability werden an dieser Stelle alle Testfelder mit Bezug auf Systemverfügbarkeit und Fehlerbehandlung zusammengefasst. Dazu zählen die Verlässlichkeit von Hard- und Software, die Transaktionsintegrität und das Session-Management.[159] Hierzu kann auch die generelle Widerstandsfähigkeit gegen Fehler und Robustheit im Sinne von Stabilität unter verschiedenen Umwelt-Konditionen gezählt werden.[160]

- Benutzbarkeit (Usability)

Üblicherweise werden zu Usability die Verwendbarkeit, die einfache Handhabung und die einfache Erlernbarkeit gezählt.[161] In Bezug auf Web Sites ist hier insbesondere eine klare, intuitive Navigation sowie die Konsistenz und Ergonomie des Systems zu nennen.[162] Auch das Angebot von Online-Hilfen fällt in diesen Bereich. Usability nimmt einen besonderen Stellenwert unter den Testbereichen ein, da sie nicht durch den Tester, sondern nur durch Endbenutzer bewertet werden kann.

- Systemleistung: Performance, Kapazität und Stress

Im Rahmen der Systemleistung wird Umgang des Systems mit Belastungen betrachtet. Hierunter fallen die Performance als Prüfung der Antwortzeit des Systems bei vorhersehbaren und erhöhten Belastungen, die Kapazität als Prüfung der maximalen Belastung und Stress als Prüfung des Verhaltens bei Überlastung.[163] Teilweise wird Performance auch Synonym für den gesamten Test verwendet. Der Test der Systemleistung von Web Sites wird zum einen dadurch erschwert, dass die Zahl der Endbenutzer unbekannt ist, und zum anderen durch die fehlende Kontrolle des technischen Umfeldes und der Übertragungswege. Daneben ist er im Hinblick auf die hohen Kundenerwartungen besonders relevant.

---

158 Vgl. Ocampo, Gerry: Testing Considerations for Web-Enabled Applications, a. a. O..

159 Vgl. Lam, Wing: Testing E-Commerce Systems: A Practical Guide, a. a. O..

160 Vgl. Ocampo, Gerry: Testing Considerations for Web-Enabled Applications, a. a. O..

161 Vgl. Powers, Mike: Why Test the Web? How Much Should You Test?, a. a. O..

162 Vgl. Brian, Christoph; Büchi, Markus: e-business-Testing – neue Herausforderungen, a. a. O., S. 240.

163 Vgl. Powers, Mike: Why Test the Web? How Much Should You Test?, a. a. O..

- Sicherheit

  Die Sicherheit von Web Sites umfasst zum einen Datenschutz, Identifikation und
  Autorisierung von Benutzern, zum anderen den Schutz der eigenen Systeme vor
  Viren, kriminellen Attacken und die physische Sicherheit der Systeme.[164] Die
  Sicherheit von Web Sites ist insbesondere deshalb schwierig zu testen, weil ständig
  neue Bedrohungen auftreten, die kaum zu antizipieren sind.

- Integration

  Komplexe web-basierte Systeme müssen in die bestehenden Legacy-Systeme der
  Unternehmen eingebunden werden. Dies macht einen Test der Kompatibilität, der
  Schnittstellen zu und des Einflusses der „neuen" auf die „alten" Systeme erforder-
  lich.[165]

- Regression Testing und Performance Monitoring

  Web Sites unterliegen zum einen häufigen inhaltlichen Änderungen und befinden
  sich zum anderen in einem kaum bestimmbaren technischen und wirtschaftlichen
  Umfeld. Daher sind inhaltliche Updates und technische Neuerungen wiederholt zu
  testen.[166] Die Systemleistung muss ständig beobachtet werden, um Schwachstellen
  identifizieren und auf Änderungen im Benutzerverhalten schnell reagieren zu
  können.[167] Beide Bereiche sind prädestiniert für eine Automatisierung.

Es fällt auf, dass tatsächlich nicht ein einziger Testbereich von allen Autoren genannt
wird. Auch eine Gliederung oder Systematisierung wird kaum vorgenommen.

Nur Bazzana[168] gliedert sein Testmodell in dynamische und statische Applikationen.
Für statische Applikationen sieht er Tests für Codefehler, Struktur und Interaktion vor.
Dynamische Applikationen werden wie traditionelle Software anhand von Modul-,
Integrations- und Systemtests sowie auf Funktionalität, Sicherheit und Performance
getestet. Jedoch lässt sich aus diesem Modell kaum begründen, warum eine statische
Applikation nicht sicher sein sollte, oder warum die dynamische Applikation nicht auf

---

164 Vgl. Bromnick, Miriam: Testing Tools, Trends and Perspektives, in: Software Quality – State of the
     Art in Management, Testing and Tools, Hrsg.: Wieczorek, Martin; Meyerhoff, Dirk, Berlin u. a.:
     Springer 2001, S. 278.

165 Vgl. Brian, Christoph; Büchi, Markus: e-business-Testing – neue Herausforderungen, a. a. O., S. 240.

166 Vgl. Bromnick, Miriam: Testing Tools, Trends and Perspektives, a. a. O., S. 279.

167 Vgl. Courtney, Phillip E.: Testing e-commerce, a. a. O..

168 Bazzana, Gualtiero: Ensuring the quality of Web Sites and E-Commerce Applications, a. a. O., S. 181.

Benutzerinteraktion geprüft wird. Bromnick[169] unterscheidet oberflächlich funktionale, nicht-funktionale sowie Regressionstests. Sie erklärt die traditionellen Begriffe von Modul-, System-, Benutzer- oder Akzeptanztest aufgrund zu kurzer Entwicklungszyklen für nicht mehr relevant. Allerdings ist dies als Kausalität ebenfalls nur schwer nachvollziehbar.

Auch in diesem Bereich kann also nicht von einem geschlossenen Modell gesprochen werden. Vergleicht man die einzelnen Testbereiche mit den vorher ermittelten Qualitätskriterien, so ist festzustellen, dass die Aspekte der Systemqualität, Systemleistung und Benutzbarkeit direkt adressiert werden. Inhaltlich wird nur die Korrektheit der Darstellung überprüft, im Bereich der Integration lediglich die technische Systemanbindung. Dies wird in Kapitel 5 näher betrachtet. Bislang als besonders kritisch identifizierte Bereiche werden durchweg angesprochen, mit Ausnahme der Sicherheit auch von der Mehrheit der Autoren.

4   Wichtige Methoden zum Test von Web Sites

4.1   Zur Systematisierung der Methoden

Für die meisten der oben beschriebenen Testbereiche werden in der Literatur verschiedene Testmethoden und Vorgehensweisen beschrieben. Insgesamt gesehen ist die Abdeckung methodischer Aspekte aber noch sehr lückenhaft. So werden oftmals lediglich Fragenkataloge aufgeführt, die im Test zu beantworten sind, aber keine Vorschläge für die Durchführung der Tests gemacht. Immerhin kommen mehrere Testbereiche unmittelbar für traditionelle Testmethoden in Frage, so dass zumindest hier bereits ein erprobtes Instrumentarium existiert.

Vor diesem Hintergrund sind die folgenden Ausführungen daher ebenfalls mehr als Bestandaufnahme der diskutierten Vorschläge für das methodische Vorgehen zu verstehen, weniger als Wiedergabe eines gesicherten Konzepts. Für die Darstellung wurden die bereits besprochenen Verfahren zum Test von Web Sites um speziellere Beiträge zum Vorgehen in einzelnen Testbereichen ergänzt. Dabei fällt auf, dass die Testbereiche Systemleistung, Sicherheit, Usability und Regression Testing in der Literatur sehr viel ausführlicher diskutiert werden als die übrigen Bereiche.

---

169 Bromnick, Miriam: Testing Tools, Trends and Perspectives, a. a. O., S. 276f..

Für alle Testbereiche wird im Folgenden zunächst kurz dargestellt, welche Aspekte des Systems Web Site betrachtet werden und welche speziellen Risiken im Test adressiert werden. Daraufhin werden die konkreten Testobjekte identifiziert und die wichtigsten mit dem Test abzudeckenden Fragestellungen angeführt. Zur besseren Einordnung wird dabei soweit möglich ein Bezug zur Systematik des traditionellen Tests hergestellt. Abschließend werden empfohlene Vorgehensweisen für die Durchführung der Tests beschrieben, sofern diese in der Literatur bereits behandelt worden sind. Bei empfohlenen Methoden, die mit etablierten Methoden des traditionellen Software-Test identisch sind, wird auf eine ausführliche Darstellung verzichtet.

4.2 Design und Kompatibilität

4.2.1 Risikorelevanz und Abgrenzung

Die sichtbare Darstellung des Front-End einer Web Site ist eine Repräsentation des Unternehmens nach außen. Es wird bereits anhand des Designs beurteilt, bevor der Anwender die Inhalte oder die Funktionen des eigentlichen Angebotes der Web Site kennt. Daher ist es von Vorteil, die Web Site auf ein schlüssiges Design und eine fehlerfreie Darstellung zu testen. Diese Design-Kriterien werden oft als Unterpunkte der Usability betrachtet.[170] Da einige Basisanforderungen jedoch für jede auch noch so einfache Web Site gelten, werden diese hier zunächst unabhängig von den Usabilitykriterien betrachtet. Dafür spricht auch, dass sie im Gegensatz zum Usability-Test vom Tester oder Designer selbst überprüft werden können, oft parallel zu anderen Tests.[171]

4.2.2 Testobjekte und Fragestellungen

Der Designtest ist ein statischer Test; das Testobjekt ist der Quellcode der sichtbaren HTML-Seiten, nicht dagegen ihre Funktionen. Vor allem zwei Anforderungen sind an das Design zu stellen: Zum einen muss es repräsentativ für das Unternehmen sein und

---

170 Dies geschieht insbesondere im Hinblick auf die Qualitätskriterien der DIN 66272 bzw. ISO/IEC 9126. Vgl. beispielsweise Olsina, Luis; Lafuente, Guillermo; Gustavo Rossi: E-commerce Site Evaluation: A Case Study, in: Electronic Commerce and Web Technologies, Hrsg: Bauknecht, Kurt; Madria, Sanjay Kumar; Pernul, Günther,: Lecture Notes in Computer Science, Vol. 1875, Berlin u. a.: Springer 2000, S. 240.

171 Vgl. Nguyen, Hung Quoc: Testing Applications on the Web, a. a. O., S. 152.

sich schlüssig in die anderweitige Außendarstellung einfügen, zum anderen muss Kompetenz im Umgang mit dem neuen Medium erkennbar sein.[172]

Die Außendarstellung wird durch die Berücksichtigung des Corporate Design (CD) während der Gestaltung und die anschließende Freigabe der Web Site durch die hierfür zuständigen Stellen im Unternehmen erreicht. Im Test wird die Site dementsprechend auf Einheitlichkeit der Seiten, Farben und anderer Stileigenschaften überprüft.[173] Oftmals wird diese Einheitlichkeit auch konstruktiv durch festgelegte (Cascading) Style Sheets gesichert.[174]

Die Kompetenz des Unternehmens im Umgang mit dem neuen Medium spiegelt sich im Prinzip in jedem Aspekt der Web Site wider, also auch in jedem Testbereich. Im Testbereich Design und Kompatibilität bedeutet Medienkompetenz insbesondere die Minimalanforderung, dass jede angebotene Web Seite durch möglichst viele Kunden problemlos betrachtbar ist. Neben einer fehlerfreien Kodierung muss die Site dafür in erster Linie auf Kompatibilität getestet werden. Demnach sollte jede Webseite in Clientumgebungen mit verschiedensten Kombinationen aus Betriebssystemen und Browsern, möglichst unabhängig von Hersteller, Marke, Version und Alter korrekt darstellbar sein.[175] Weitere hier relevante Aspekte des Designs sind die Auffindbarkeit der Seite (Accessibility) durch geeignete Meta-Tags[176] und die Befolgung von Standards wie den W3C Web Accessibility Guidelines[177].

4.2.3 Vorgehen beim Design- und Kompatibilitätstest

Für die Durchführung des Tests kommt es zunächst auf die Identifikation der aktuell gängigen Client-Konfigurationen, Browsertypen und Netzzugänge an. Wichtige

---

172 Vgl. Lankau, Ralf: Webdesign und –publishing, Projektmanagement für Websites, a. a. O., S. 64f..

173 Vgl. Olsina, Luis; Lafuente, Guillermo; Gustavo Rossi: Specifying Quality Characteristics and Attributes for Websites, a. a. O., S. 269.

174 Vgl. Nguyen, Hung Quoc: Testing Applications on the Web, a. a. O., S. 165.

175 Vgl. Meyerhoff, Dirk; Huberty, Dirk: Testing Web-Based Home Banking Applications, in: Software Quality – State of the Art in Management, Testing and Tools, Hrsg.: Wieczorek, Martin; Meyerhoff, Dirk, Berlin u. a.: Springer 2001, S. 201.

176 Vgl. o. V.: Best Practices – Ensuring Good Customer Experience through eBusiness Quality Testing,, a. a. O., S. 2.

177 Vgl. Bazzana, Gualtiero: Ensuring the quality of Web Sites and E-Commerce Applications, a. a. O., S. 182. Die W3C-Standards sollen den Zugang über verschiedenste Ausgabegeräte (z. B. Mobiltelefone), unter schwierigen Bedingungen (z. B. Farbkontraste in verschiednen Lichtverhältnissen) oder für körperlich beeinträchtigte Menschen (etwa Sprachausgabe des Bildschirms für blinde Benutzer) ermöglichen.

Kombinationen hieraus müssen im Rahmen der Testumgebung nachgestellt und alle folgenden Tests auf sämtlichen Test-Konfigurationen durchgeführt werden.[178] Soll eine möglichst hohe Zahl von Benutzern erreicht werden, muss die Kodierung auf die langsamsten und ältesten noch gängigen Konfigurationen ausgerichtet sein.[179] Besonders zu beachten sind für die Darstellung notwendige Plug-Ins: Testrechner sollten möglichst über keine vorinstallierten Plug-Ins verfügen, um deren Relevanz für die Seitendarstellung erkennbar zu machen.[180]

Im wesentlichen beinhaltet der Test den systematischen Aufruf aller Seiten in den verschiedenen Client-Konfigurationen und die Protokollierung der Abweichungen.[181] Dies sollte auch die Anpassung an verschiedene Bildschirmgrößen und Browser-Einstellungen umfassen. Die logische Analyse des Programmcodes wie auch wichtige Kompatibilitätsaspekte für die gängigsten Client- und Browser-Typen werden üblicherweise mit Hilfe von automatischen Analyse-Tools durchgeführt.[182] Diese suchen beispielsweise nach unvollständigen HTML-Elementen, simulieren verschiedene Bildschirmgrößen oder ergänzen Marken-spezifische HTML-Tags automatisch um passende Erweiterungen für andere Hersteller.

4.3 Funktionalität

4.3.1 Risikorelevanz und Abgrenzung

Eine Web Site mit fehlerhaften Funktionen kann erheblichen wirtschaftlichen Schaden verursachen. Dies reicht von Umsatzausfall durch verärgerte Kunden über Einbußen infolge falsch wiedergegebener Preise bis hin zur kostenträchtigen Erfüllung von Garantien. Wie bei traditioneller Software ist zu prüfen, ob eine Web Site die gewünschten Aktionen eines Benutzers sinnvoll unterstützt und ob sich das Programm dabei wie erwartet verhält.[183] Dabei ist die Abgrenzung zu Design-Aspekten und zur

---

178 Vgl. ausführlich hierzu Nguyen, Hung Quoc: Testing Applications on the Web, a. a. O., S. 280f. und Kaufmann, Eric: Testing Your Web site, a. a. O..

179 Vgl. Nguyen, Hung Quoc: Testing Applications on the Web, a. a. O., S. 165.

180 Vgl. Lam, Wing: Testing E-Commerce Systems: A Practical Guide, a. a. O..

181 Vgl. Lankau, Ralf: Webdesign und –publishing, Projektmanagement für Websites, a. a. O., S. 224.

182 Vgl. Nguyen, Hung Quoc: Testing Applications on the Web, a. a. O., S. 167. Nguyen bietet hier auch eine Checkliste einiger Basisanforderungen.

183 Vgl. Nguyen, Hung Quoc: Testing Applications on the Web, a. a. O., S. 183.

Usability nicht eindeutig.[184] Wiederum werden zunächst Aspekte betrachtet, die ohne eine Bewertung durch einen Endbenutzer zu testen sind.

4.3.2 Testobjekte und Fragestellungen

Der Funktionstest ist in der Regel ein dynamischer Test und bezieht sich auf den Programmcode der eingebetteten Web-Anwendungen. Die Funktionalitäten einer Web Site lassen sich in die drei Kategorien Suchfunktionen, Navigationsfunktionen und themenbezogene Funktionen einteilen.[185]

Suchfunktionen können nur mit Hilfe von geeigneten Suchbegriffen auf die Generierung der gewünschten Ergebnisse geprüft werden. *Themenbezogene Funktionen* beziehen sich auf den Inhalt der Web Site und sind wie traditionelle Software zu prüfen, so etwa die Bestellfunktionen eines Online-Shop oder die Anmeldung zu Lehrveranstaltungen in einem akademischen Umfeld. Einfache und typische Web Site-spezifische Funktionsfehler sind fehlerhaft generierte automatische E-Mail-Antworten, eine fehlende Validierung von E-Mail- oder Adress-Formaten oder die Akzeptierung von ungültigen oder bereits abgelaufenen Kreditkarten in Bestellprozessen.[186]

Die *Navigations-Funktionen* sind eine Spezialität von Web Sites und müssen auf technische Integrität und inhaltliche Kontinuität überprüft werden. Integrität bedeutet dabei die Vermeidung von falschen, ungültigen und fehlenden Links, Kontinuität deren kontextuelle Richtigkeit.[187]

- Falsche Links (auch Dangling, Dead oder Broken Links) verweisen auf eine nicht existierende Seite oder finden die gewünschte Seite etwa aufgrund von Schreibfehlern in der URL nicht. Ständig zu überprüfen sind insbesondere externe Links, da hier kein Einfluss auf Änderungen genommen werden kann.

- Ungültige Links verweisen auf Seiten, die vom Benutzer etwa aufgrund von Sicherungsmechanismen nicht angezeigt werden können. Diesem Aspekt muss beim Test insofern besondere Aufmerksamkeit gelten, als von netzwerkinternen

---

184 Vgl. Nguyen, Hung Quoc: Testing Applications on the Web, a. a. O., S. 176.

185 Vgl. Olsina, Luis; Lafuente, Guillermo; Gustavo Rossi: Specifying Quality Characteristics and Attributes for Websites, a. a. O., S. 269f.. Allerdings folgt die weitere Auswahl und Einteilung der Unterpunkte nicht vollständig diesem Vorschlag.

186 Vgl. Nguyen, Hung Quoc: Testing Applications on the Web, a. a. O., S. 188.

187 Vgl. Porter, P.: Toward an E-Commerce Testing Strategy, a. a. O..

Testrechnern möglicherweise auf die Seiten zugegriffen werden kann, die von externen Kunden aus nicht erreichbar sind.[188] Zu ungültigen Links können auch Verweise auf leere oder veraltete Seiten gezählt werden.[189]

- Das Fehlen von Links bedeutet entweder die fehlende Verlinkung eines angezeigten Navigationselementes oder auch das vollständige Fehlen eines solchen Elements. Fehlen auf einer angesprochenen Seite jegliche Navigationsmöglichkeiten (inklusive einer Rücksprungmöglichkeit), so spricht man von „verwaisten Seiten" (Orphaned oder Dead Pages).[190]

4.3.3 Vorgehen beim Funktionstest

Der Funktionstest von Such- und themenbezogenen Funktionen wird in der Regel wie ein Funktionstest traditioneller Software durchgeführt. Hierzu zählen Reviews der Anforderungs-Dokumentation, der Ablaufdiagrammen (Storyboards) und Sitemaps[191] sowie übliche Black-Box-Techniken wie State-Transition-Diagramme, fachliche Testfälle, der Test von Grenzwerten und Äquivalenzklassen sowie Forced-Error-Tests.[192] Methoden für den Funktions-Test von Web Sites werden auch in der Literatur im wesentlichen unter Verweis auf das bestehende Instrumentarium des Softwaretest diskutiert und daher hier aber nicht weiter betrachtet.[193]

Links können weitgehend automatisch geprüft werden. Tools identifizieren Links in einer Seite und überprüfen, ob die Seite gefunden und angezeigt werden kann.[194] Falsche Links und verwaiste Seiten können damit identifiziert werden, fehlende oder

---

188 Vgl. Gutzman, Alexis D.: The Value of Testing, a. a. O..

189 Vgl. Nguyen, Hung Quoc: Testing Applications on the Web, a. a. O., S. 188.

190 Vgl. Olsina, Luis; Lafuente, Guillermo; Gustavo Rossi: Specifying Quality Characteristics and Attributes for Websites, a. a. O., S. 274f..

191 Vgl. Meyerhoff, Dirk; Huberty, Dirk: Testing Web-Based Home Banking Applications, a. a. O., S. 201.

192 Vgl. Bazzana, Gualtiero: Ensuring the quality of Web Sites and E-Commerce Applications, a. a. O., S. 189 und Nguyen, Hung Quoc: Testing Applications on the Web, a. a. O., S. 184.

193 Zum traditionellen Funktionstest siehe beispielsweise Thaller, Georg E.: Software-Test, Verifikation und Validation, a. a. O., S. 112 oder Alpar, Marcel: Professionelle Softwaretests, a. a. O., S. .103.

194 Vgl. Killen, Scott; Kinikoglu, Yakup; McGary, Mike: Testing the Weird Wild Web, in: STI Software Testing Newsletter, Summer/Fall 1997, Online im Internet: http://www.ondaweb.com/sti/webtest.html.

veraltete jedoch nicht. Auch können Tools die kontextuelle Richtigkeit der Seite nicht beurteilen.[195]

Aufgrund der bereits dargestellten Besonderheiten von Web Sites empfiehlt Dibachi[196] den Einbau von Test-Hooks und die verstärkte Durchführung von „Smoke-Tests". Test-Hooks sind zusätzliche, von außen nicht zugängliche Einstiegspunkte in den Transaktionsprozess, die zwischen User Interface und System eingefügt werden. Dies dient einerseits zur Überprüfung von Funktionalitäten, die dem Benutzer selbst nicht zugänglich sind, etwa von Preissetzungsmechanismen. Andererseits erleichtert dies die Lokalisierung von Fehlern zwischen Client, Netzwerk und den verschiedenen Server-Komponenten.

Traditionell sind Smoke Tests oberflächliche Checks von Basisfunktionalitäten eines Programms, um dessen Stabilität für weitere Tests zu überprüfen.[197] In Bezug auf den Test von Web Sites soll intensives Smoke Testing sicherstellen, dass Benutzer jederzeit zumindest auf einen stabilen Satz an Basisfunktionalitäten zugreifen können.[198] Dies soll das Risiko eines Totalausfalls der Web Site verringern, der in jedem Fall eine negativere Auswirkung auf die Kundenbewertung hat als der Ausfall einzelner Features.

4.4 Zuverlässigkeit (Reliablity)

4.4.1 Risikorelevanz und Abgrenzung

Die Relevanz der Zuverlässigkeit einer Web Site kann anhand eines Beispiels gezeigt werden: Im Rahmen einer Studie[199] sollte die Geschwindigkeit der Auftragserfüllung von Online-Shops gemessen werden. Von 480 Kaufvorgängen konnten jedoch 130 überhaupt nicht vollendet werden, weil die Web Sites bei der Bestellung zusammenbrachen, nicht verfügbar waren oder in anderer Weise eine Bestellung verhinderten. Bevor Performance, Lieferzeiten und Kundenservice relevant werden, muss die Site demnach erst einmal stabil laufen.

---

195 Vgl. Nagridge, Tamara: Web Testing in All Four Directions, a. a. O..

196 Dibachi, Rhonda: Testing Electronic Commerce Websites, a. a. O..

197 Vgl. Nguyen, Hung Quoc: Testing Applications on the Web, a. a. O., S. 37.

198 Vgl. Dibachi, Rhonda: Testing Electronic Commerce Websites, a. a. O..

199 Durchgeführt von Anderson Consulting 1999, vgl. Nguyen, Hung Quoc: Testing Applications on the Web, a. a. O., S. 316.

Die Verfügbarkeit der Systeme ist vorwiegend eine Kosten-Nutzen-Abwägung: Auf der einen Seite kann schon der einstündige Ausfall der Web Site ein Unternehmen mehrere Hunderttausend Dollar kosten. Auf der anderen Seite kostet ein Midrange-System mit einer 99 %igen Verfügbarkeit bereits einige Millionen Dollar an Anschaffung und Wartung, eine Erhöhung der Verfügbarkeit auf 99,999 % kann diese Summe jedoch leicht verdoppeln.[200]

4.4.2 Testobjekte und Fragestellungen

Im Hinblick auf Software bedeutet Zuverlässigkeit ganz allgemein: „The more reliable the program, the less often it fails while the customer is trying to use it, and the less serious are the consequences of any failure."[201] Zuverlässigkeit ist ein Testbereich mit einem starken zeitlichen Bezug, erwartet wird die präzise Erfüllung der Funktionalität über einen längeren Zeitraum.[202] Zwar nennen nur wenige Autoren in der vorliegenden Untersuchung Reliability direkt als Kriterium, doch werden in der Literatur verschiedene Einzelaspekte behandelt, die unter diesem Begriff zusammengefasst werden können. Zuverlässigkeit eignet sich demnach als Oberbegriff für Testbereiche wie Verfügbarkeit, Stabilität unter verschiedenen Umweltbedingungen, Robustheit gegen Fehler, Verlässlichkeit von Hard- und Software, State Management sowie Transaktions- und Datenintegrität.

In diesem Testbereich finden sich ebenfalls Überschneidungen zu anderen Testaspekten. So werden Stabilität und Verlässlichkeit üblicherweise durch Belastungstests überprüft, die im Zusammenhang mit dem Test der Systemleistung näher erläutert werden.[203] Die Verfügbarkeit wird in der Regel im Rahmen eines permanenten Monitoring während des laufenden Betriebs festgestellt.[204] Für die übrigen Testbereiche sind im wesentlichen folgende Aspekte zu berücksichtigen:

---

200 Vgl. Koll, Sabine: DV-Architektur – Kaum ein Manager bereitet die IT auf den E-Commerce-Boom vor, in: Computer Zeitung, 29.04.1999, S. 27.

201 Kaner, Cem; Falk, Jack; Nguyen, Hung Choe: Testing Computer Software, a. a. O., S. 59.

202 Vgl. Perry, William: Effective Methods for Software Testing, a. a. O., S. 26.

203 Siehe Kapitel 4.5 „Systemleistung".

204 Siehe hierzu Kapitel 4.9 „Regressionstests und Monitoring".

• Daten- und Transaktionsintegrität

Die Daten- und Transaktionsintegrität ist vielleicht der wichtigste Testbereich überhaupt, da hier geschäftskritische Funktionen unmittelbar betroffen sind.[205] Auch wenn pro Tag mehrere Hunderttausend Kunden in einem Online-Shop einkaufen, muss jedes Produkt dem richtigen Warenkorb zugeordnet werden.[206] Für diesen Aspekt ist insbesondere ein intensiver Funktions-Tests der Datenbanken und Daten-server erforderlich.[207] Im wesentlichen sind auch hier die Testmethoden des traditionellen Client-Server-Test gültig. Zu diesen Tests gehören Aspekte wie der korrekte Aufruf von Triggern oder die fehlerfreie Abwicklung von Rollback-Transaktionen.[208] Spezifische Testaspekte für Web Sites sind etwa korrupte Daten wegen zu langsamer Netzwerk-Verbindungen, Time-Outs von Skripten sowie Probleme beim Caching von Daten im Client-Browser oder Web-Server.[209]

• Fehlerbehandlung

Eine zuverlässige Fehlerbehandlung muss einerseits alle Fehler entdecken und andererseits eine geeignete Reaktion darauf zeigen, etwa in Form einer Fehler-meldung. Die Fehlerbehandlung des Systems wird insbesondere durch negative Tests geprüft. So wird in Testfällen versucht, jede mögliche oder bekannte Fehlermeldung zu erzeugen.[210]

Wichtige Fragestellungen für die Fehlerbehandlung und –kommunikation sind etwa:

- Muss die Anwendung neu gestartet werden, oder gibt es Recovery-Funktionen?

- Gibt es Warnfunktionen und Handlungsoptionen in fehlerträchtigen Situationen?

- Wird eine Fehlermeldung angezeigt und ist es die passende?

- Ist die Meldung spezifisch, verständlich formuliert und bietet sie Lösungen an?

- Werden gleiche Fehler einheitlich behandelt?[211]

---

205 Vgl. Baum, David; Elswick, Paul: No Place for Mistakes, in: Compuware e-watch, 01/1998, Online im Internet: http://www.compuware.com/intelligence/articles/199801_webapp.htm.

206 Vgl. Gutzman, Alexis D.: The Value of Testing, a. a. O..

207 Vgl. Nguyen, Hung Quoc: Testing Applications on the Web, a. a. O., S. 197.

208 Vgl. Lam, Wing: Testing E-Commerce Systems: A Practical Guide, a. a. O..

209 Vgl. Nguyen, Hung Quoc: Testing Applications on the Web, a. a. O., S. 223f..

210 Vgl. Nguyen, Hung Quoc: Testing Applications on the Web, a. a. O., S. 190f..

211 Vgl. Nguyen, Hung Quoc: Testing Applications on the Web, a. a. O., S. 173.

Bei Anwendungen mit hohen Verfügbarkeits-Anforderungen ist darüber hinaus zu testen, wie schnell Daten aus einem Backup zurückgespielt werden können oder in welcher Zeit technische Ersatz-Komponenten die Funktionen ausgefallener System-komponenten übernehmen können.[212]

- Event-Handling, State- und Session-Management

HTTP ist ein zustandsloses Protokoll, d.h. für die Darstellung einer Seite wird eine Verbindung geöffnet, der Inhalt übertragen und die Verbindung wieder geschlossen.[213] Wenn ein Kunde das Browserfenster während einer Transaktion schließt, wird zunächst keine Information darüber an den Server übermittelt.[214] Zudem kann eine Webseite in mehreren Browser-Instanzen des gleichen Client-Rechners mit einer oder mehreren User-Identifikationen laufen.[215] Diese Besonderheiten machen die Implementierung von Funktionen zum Event-Handling, State und Session-Management erforderlich. Diese müssen beispielsweise den „Einkaufsbummel" eines Kunden in einem Online-Shop begleiten und seine Identifikation zu jeder Zeit sicherstellen. Auch müssen alle gewählten Produkte gespeichert werden, selbst wenn der Kunde den Shop unvermittelt verlässt und erst am nächsten Tag zurückkehrt.[216] Diese Funktionen werden etwa über Java oder Active Server Pages erfüllt, die entsprechend getestet werden müssen.[217] Beispielsweise ist der „Zurück"-Button des Browsers bekannt dafür, sehr leicht übliche Routinen zum State-Management durcheinander zu bringen.[218] Zwei weitere typische Aspekte des Tests sind die Fehlerbehandlung bei Session-Time-outs oder die Speicherung von Informationen mit und ohne Cookies.[219]

Für diese speziellen Testobjekte aus dem Bereich Reliability werden in der Literatur keine spezifischen Vorgehensweisen beschrieben. Es ist jedoch wahrscheinlich, dass

---

212 Vgl. Lam, Wing: Testing E-Commerce Systems: A Practical Guide, a. a. O..

213 Vgl. Turau, Volker: Techniken zur Realisierung Web-basierter Anwendungen, a. a. .O., S. 3.

214 Vgl. Nguyen, Hung Quoc: Testing Applications on the Web, a. a. O., S. 19.

215 Vgl. Nguyen, Hung Quoc: Testing Applications on the Web, a. a. O., S. 20.

216 Vgl. Seybold, Patricia, mit Marshak, Ronni T.: koenig.kunde.com, Wie erfolgreiche Unternehmen im Internet Geschäfte machen, a. a. O., S. 131.

217 Vgl. Lam, Wing: Testing E-Commerce Systems: A Practical Guide, a. a. O..

218 Vgl. Dibachi, Rhonda: Testing Electronic Commerce Websites, a. a. O..

219 Vgl. Lam, Wing: Testing E-Commerce Systems: A Practical Guide, a. a. O..

mehrere der hier beschriebenen Fragestellungen auch im Rahmen des Funktionstests abgedeckt werden.

4.5   Systemleistung: Performance, Kapazität und Belastung

4.5.1 Risikorelevanz und Abgrenzung

Die Bedeutung geringer Zugriffzeiten und anderer nicht-funktionaler Eigenschaften von Web Sites wurde schon mehrfach hervorgehoben. Diese sogenannte Servicequalität ist möglicherweise das aktuell wichtigste Kriterium für die Bewertung einer Site.[220] In einer neueren Untersuchung zu Gestaltungswünschen von Internet-Usern wurde die Verbesserung der Geschwindigkeit sogar doppelt so hoch gewichtet wie die Verbesserung der Datensicherheit.[221] Neben einer geringen generellen zeitlichen Toleranz liegt dies auch daran, dass Benutzer die Wartezeit oft als Sicherheitsproblem wahrnehmen und etwa bei Kreditkartenoperationen nach kurzer Zeit den „Panic Button" drücken.[222]

In einer Studie zum Einfluss der Antwortzeit eines Computersystems auf die Benutzerzufriedenheit beobachteten Hoxmeier und DiCesare[223] einen starken negativen Einfluss bei Antwortzeiten über neun Sekunden. Der Einfluss auf die Benutzerzufriedenheit ist dabei aufgabenabhängig: Als kritische Grenze für komplexe Aufgaben werden acht bis zwölf Sekunden angenommen, während einfache Navigationsfunktionen in weniger als einer Sekunde beantwortet werden sollten.[224] Auch andere Studien bestätigen die acht-Sekunden-Grenze für Transaktionen.[225]

---

220 Vgl. Bochmann, Gregor et al.: Introducing QoS to Electronic Commerce Applications, in: Electronic Commerce Technologies, Hrsg.: Kou, Wedong; Yesha, Yelena; Chung, Jen Tan, Prodeedings of the ISEC 2001, Lecture Notes in Computer Science, Vol. 2040, Berlin u. a., Springer 2001, S. 138.

221 Vgl. Theuner, Gabriele: Erfolgsfaktoren User-orientierter Webseitengestaltung, in: HMD – Praxis der Wirtschaftinformatik, 05/2000, S. 69.

222 Vgl. Bochmann, Gregor et al.: Introducing QoS to Electronic Commerce Applications, a. a. O., S. 138.

223 Hoxmeier, John A.; DiCesare, Chris: System Response Time and User Satisfication: An Experimental Study of Browser-based Applications, Online im Internet: http://www.e-global.es/014/014_hoxmeier_system.pdf, 01.09.2001, S. 14.

224 Vgl. Hoxmeier, John A.; DiCesare, Chris: System Response Time and User Satisfication: An Experimental Study of Browser-based Applications, a. a. O., S. 23. Hierzu sei angemerkt, dass als Antwortzeit nur die Zeitspanne zwischen der auslösenden Benutzeraktion und dem erkennbaren Beginn der Antwort betrachtet wird (S. 4).

225 Vgl. Bazzana, Gualtiero: Ensuring the quality of Web Sites and E-Commerce Applications, a. a. O., S. 184.

Die mangelnde Performance im Web ist zum Teil darauf zurückzuführen, dass die Infrastruktur für die elektronische Geschäftsabwicklung in den ersten Jahren des Internet-Booms zu wenig beachtet wurde.[226] Insbesondere die fehlende flexible Skalierung für steigende Nutzerzahlen setzte der Leistungsfähigkeit der Systeme eine Grenze. Durch die potenziell hohen Umsatzausfälle wegen vorzeitig abgebrochener Transaktionen wird inzwischen auf einen umfassenden Test der Leistungsfähigkeit großer Wert gelegt. Ein zweiter Grund ist die stetige Bedrohung durch „Denial-of-Service"-Attacken aus dem Internet, die Web Server durch eine hohe Zahl sinnloser Anfragen überlasten. Die Kenntnis des Systemverhaltens unter hoher Last kann zur Etablierung von Frühwarnsystemen ebenso beitragen wie zur Gestaltung eines möglichst verlustfreien Management von Überlastungssituationen.[227]

4.5.2 Testobjekte und Fragestellungen

Das Testobjekt für die Messung der Leistungsfähigkeit ist im Prinzip die gesamte beteiligte Hard- und Software sowie die Netzinfrastruktur. Jede Komponente ebenso wie die Zusammenarbeit der einzelnen Komponenten können zu einer Verminderung der Servicequalität beitragen. Dazu zählen alle beteiligten Applikationen, Dateien, Web-, Applikations- und Datenbankserver in ihrer jeweiligen Konfiguration, Verteiler wie Hubs, Router oder Load Balancer, Netzleitungen, Sicherheitseinrichtungen wie Firewalls und nicht zuletzt der User-Client selbst.[228] Da alle Komponenten außerhalb der Firewall des Unternehmens für dieses nicht kontrollierbar sind, wird die Gewährleistung einer hohen Servicequalität zusätzlich erschwert. Jedoch haben Untersuchungen ergeben, dass rund 65 % der Engpässe auf Unternehmensseite zu suchen sind.[229]

Grundsätzlich ist die Performance der Web Site bei einer vorhergesehenen Belastung, einer langsam ansteigenden Belastung, bei der geplanten maximalen Belastung und bei einer Überschreitung der maximal vorgesehenen Zugriffe zu testen. Performance-Tests der vorgesehenen Netzlast werden auch als Load-Test bezeichnet; eine steigende

---

226 Vgl. Ritter, Ted: Enabling Ebusiness, in: Business Communications Review, 12/1999, S. 26.

227 Vgl. McLaughlin, Martin: How Vulnerable Is Your Web Site to a "Denial-of-Service" Attack?, in: Compuware Intelligence, 06/2000, Online im Internet: http://www.compuware.com/intelligence/ articles/200006_toolbox.htm.

228 Vgl. Weinstein, Anja: Auf die Sekunde – Engpässe im Netz und an der Website aufdecken, in: Internet Professionell, 06/2001, S. 45.

229 Vgl. Kopaitic, Edi: Fehlersuche für Fortgeschrittene – Performance-Probleme bei Web-Anwendungen, in: IT Fokus, 8;9/2000, S. 28.

Belastung als Skalierbarkeitstest. Tests bei maximaler Last werden auch Kapazitäts- oder Sättigungs-Test genannt; Überlastungstests werden als Stress-Test oder Peek-Load-Test bezeichnet.[230] Diese Begriffe werden in der Literatur nicht ganz deckungsgleich verwendet, über den Inhalt der Tests besteht jedoch Einigkeit.

Der größte Teil der Performance-Probleme ist auf eine fehlende Optimierung der Komponenten für ihre Aufgabe im Netz oder auf die Abstimmung der Komponenten untereinander zurückzuführen.[231] Übliche Hardware-Engpässe sind Datenbank-Abfragen, die Anbindung der Web-Server an das Internet und die Konfiguration der Web- und Applikationsserver. Aber auch in der Software und in Prozessen liegen Schwachstellen, etwa bei der Suche von Servern im Netz (DNS-Lookup), im Verbindungsaufbau und automatischen Weiterleitungen von einer Seite auf eine andere.[232] Die „klassische" Schwachstelle für die Performance von Web Sites ist aber nach wie vor unsauber programmierter HTML-Code und Seiten mit zu vielen oder zu großen Inhalten.[233]

Um potenzielle Schwachstellen zu identifizieren, sollten daher Messdaten sowohl an der Präsentationsschicht, wie auch an Schnittstellen und auf Prozessorebene in den einzelnen Komponenten erhoben werden.[234] An der Präsentationsschicht sind Messgrößen für den Test etwa die realen Antwortzeiten und die Zahl der gleichzeitig bedienbaren Client-Anfragen (Server Throughput).[235] Netzwerkfaktoren sind etwa die Verzögerung zwischen dem Versand von Daten und deren Ankunft am Client (Network Propagation Delay) oder die maximale Datenmenge, die ein Server gleichzeitig versenden kann (Network access capacity).[236] Interne Kennzahlen sind beispielsweise die Dauer einer Datenbankabfrage oder die Prozessorauslastung der Server.[237]

---

230 Vgl. Nguyen, Hung Quoc: Testing Applications on the Web, a. a. O., S. 312 und Weishaar, Gerd; Versteegen, Gerhard: Test the Web – Testen von Internet Applikationen, in: IT Management, 5/2001, S. 44.

231 Vgl. Kopaitic, Edi: Fehlersuche für Fortgeschrittene – Performance-Probleme bei Web-Anwendungen, a. a. O., S. 29.

232 Vgl. Weinstein, Anja: Auf die Sekunde – Engpässe im Netz und an der Website aufdecken, a. a. O., S. 44.

233 Vgl. Weinstein, Anja: Auf die Sekunde – Engpässe im Netz und an der Website aufdecken, a. a. O., S. 45f.

234 Vgl. Bromnick, Miriam: Testing Tools, Trends and Perspektives, a. a. O., S. 278.

235 Vgl. Bochmann, Gregor et al.: Introducing QoS to Electronic Commerce Applications, a. a. O., S. 141.

236 Vgl. Bochmann, Gregor et al.: Introducing QoS to Electronic Commerce Applications, a. a. O., S. 142.

237 Vgl. Bochmann, Gregor et al.: Introducing QoS to Electronic Commerce Applications, a. a. O., S. 142.

4.5.3 Vorgehen beim Leistungstest

Der Performance-Test einer Web Site erfolgt prinzipiell in vier Schritten:

- Evaluierung der erwarteten Nutzer- und Zugriffszahlen

   Die Zahl der Nutzer ist nur sehr schwer vorherzusagen, wie spektakuläre Zusammen-
   brüche von aufwendig geplanten und angekündigten Web Sites zeigen.[238]
   Insbesondere ist zu berücksichtigen, dass sich die vorhergesagte Zugriffszahl meist
   nicht gleichmäßig über den Tag verteilt, sondern auf bestimmte Spitzenzeiten
   konzentriert ist.[239]

- Festlegung der akzeptablen Performance-Werte

   Die Festlegung erfolgt in der Regel einerseits unter Berücksichtigung bekannter
   Erkenntnisse der Marktforschung, andererseits im Hinblick auf die spezifischen
   Aufgaben und Transaktionen, die auf der Site durchgeführt werden sollen. So ist
   beispielsweise für eine Zahlungsfunktion eine erheblich höhere Performance
   anzustreben als für eine reine Informationsseite.

- Durchführung der Messung

   Die Messung erfolgt in der Regel automatisiert mit Hilfe von Tools, die Nutzer-
   zugriffe simulieren und protokollieren. Dienste zur Durchführung von Performance-
   Tests werden inzwischen auch von spezialisierten Application Service Providern
   über das Internet angeboten.[240] Dies hat den Vorteil, dass so die realen Übertragungs-
   Bedingungen des Internet mit berücksichtigt werden. Wichtig ist, dass bei den Tests
   sowohl reale wie auch theoretische Grenzwerte überprüft werden und dass ganz
   bestimmte Szenarien durchgespielt werden, etwa „10.000 Zugriffe auf eine Funktion
   bei zeitgleicher Bearbeitung von 5000 Anfragen an eine andere".[241]

---

238 Vgl. Weishaar, Gerd; Versteegen, Gerhard: Test the Web – Testen von Internet Applicationen,
     a. a. O., S. 42f..

239 Vgl. Weishaar, Gerd; Versteegen, Gerhard: Test the Web – Testen von Internet Applicationen,
     a. a. O., S. 43.

240 Vgl. Grävermeyer, Arne: Nur Lasttests garantieren sichere Web-Applikationen, in: Computer
     Zeitung, 6/2001, S. 15.

241 Vgl. Courtney, Phillip E.: Testing e-commerce, a. a. O..

- Analyse der Ergebnisse und Festlegung von Verbesserungsmaßnahmen

  Je nach Ergebnis ist entweder das Design der einzelnen Webseiten zu überarbeiten, sind Netzwerk-Komponenten neu zu konfigurieren oder ist die Zusammenarbeit der Komponenten neu zu organisieren. Da die endgültige Nutzerzahl nicht bestimmbar ist, wird häufig versucht, ein System so lange zu überlasten, bis es zusammenbricht.[242] Die ermittelte Zugriffszahl kann für die Implementierung von Frühwarnsystemen verwendet werden. Unternehmen mit kritischen Anwendungen lasten häufig maximal die Hälfte der Server-Kapazität aus und schalten bereits weitere Ressourcen zu, wenn die 60 % Grenze für eine bestimmte Zeit überschritten wird.[243]

Unternehmen, die ihre Web Site durch externe Internet Service Provider verwalten lassen, müssen der Leistungsfähigkeit besondere Aufmerksamkeit widmen. Da hier die Konfigurationen ebenfalls nicht selbst beeinflusst werden können, ist die Ebene der Servicequalität meist vertraglich festgelegt. Zwar bestehen in einem solchen Fall oftmals nicht die internen Ressourcen zur Durchführung eines Tests, doch können zur Überprüfung der vereinbarten Leistungsfähigkeit wiederum externe Dienste in Anspruch genommen werden.[244]

4.6 Sicherheit

4.6.1 Risikorelevanz und Abgrenzung

Schätzungen zufolge kann jeder zweite Web-Server im Internet durch externe Angreifer „geknackt" werden.[245] Solche Einbrüche dienen der Suche nach vertraulichen Informationen und dem Diebstahl geldwerter Daten, dem Ausschalten der angebotenen Dienste oder einfach nur der Verunstaltung von Webauftritten.[246] Für den Einbruch in Web Server werden im Internet sogar kostenlose oder kommerzielle Tools angeboten.[247] Weiterhin sind rechtliche Probleme wie etwa die Regelung des Datenschutzes zu nennen. Persönliche Daten dürfen beispielsweise nur mit der Einwilligung der Person

---

242 Vgl. o. V.: Reliability of e-commerce applications, a. a. O..

243 Vgl. o. V.: Mühsame Revolution, in: Manager Magazin, 3/2001, S. 204.

244 o. V.: Up and Running in 'Net Time, a. a. O..

245 Vgl. Strobel, Stefan: Sicherheitsprobleme bei E-Commerce- / E-Business Lösungen, in: HMD – Praxis der Wirtschaftinformatik, 06/2000, S. 43.

246 Vgl. Nguyen, Hung Quoc: Testing Applications on the Web, a. a. O., S. 290.

247 Vgl. Strobel, Stefan: Sicherheitsprobleme bei E-Commerce- / E-Business Lösungen, a. a. O., S. 51.

gespeichert und verwertet werden.[248] Hier besteht bei Nichteinhaltung das Risiko von Schadensersatzklagen.

Die potenziellen wirtschaftlichen Schäden durch Einbrüche, durch Virenbefall oder physische Zerstörungen sind zwar so offensichtlich, dass die Sicherheit von Web Sites und Netzwerken mittlerweile für viele Unternehmen einen hohen Stellenwert hat. Dennoch ist der Test der Sicherheit laut Nguyen „often the least understood and least well-defined test Type"[249].

Sicherheitsrisiken können von einem Unternehmen getragen, auf Versicherungen überwälzt, durch schnelle Reaktion verhindert oder durch vorbeugende Maßnahmen verhindert werden.[250] Welche Maßnahmen ergriffen werden, hängt im wesentlichen vom Wert der zu schützenden Güter ab.[251] Dazu zählen jedoch nicht nur unmittelbare monetäre Größen, sondern auch indirekt finanzwirksame Werte wie Image und Vertrauen.[252] So können Sicherheitsmängel für ein „Dot.Com"-Unternehmen, dass seinen Geschäftverkehr ausschließlich über das Internet abwickelt, den wirtschaftlichen Ruin bedeuten.[253]

Für eine umfassende Absicherung sind eine strategische Sicherheitspolitik, eine taktische Maßnahmenplanung und deren operative Umsetzung notwendig. Auf der taktischen Ebene beinhaltet dies personelle, organisatorische und technische Maßnahmen. Der Sicherheitstest von Web Sites ist der Sache nach ein Bestandteil der technischen Maßnahmen. Er wird jedoch ohne Einbettung in eine umfassende Sicherheitspolitik keine wesentlichen Vorteile erbringen können, da die meisten Sicherheitsrisiken organisatorisch begründet sind.[254]

---

248 Vgl. Schwickert, Axel C.; Wendt, Peter: Web Site Monitoring – Teil 2:Datenquellen, Web-Logfile-Analyse, Logfile-Analyzer, in: Arbeitspapiere WI, Nr. 07/2000, Hrsg.: Lehrstuhl für Allg. BWL und Wirtschaftinformatik, Mainz: Johannes Gutenberg-Universität 2000, S. 17.

249 Nguyen, Hung Quoc: Testing Applications on the Web, a. a. O., S. 285.

250 Vgl. Teufel, Stephanie; Schlienger, Thomas: Informationssicherheit – Wege zur kontrollierten Unsicherheit, in: HMD – Praxis der Wirtschaftsinformatik, 06/2000, S. 19.

251 Vgl. Schwickert, Axel C.; Häusler, Oliver: Web Site Security, in: Arbeitspapiere WI, Nr. 05/1999, Hrsg.: Lehrstuhl für Allg. BWL und Wirtschaftinformatik, Mainz: Johannes Gutenberg-Universität 1999, S. 24.

252 Vgl. Schwickert, Axel C.; Häusler, Oliver: Web Site Security, a. a. O., S. 10.

253 Vgl. Strobel, Stefan: Sicherheitsprobleme bei E-Commerce- / E-Business Lösungen, a. a. O., S. 46.

254 Vgl. Schwickert, Axel C.; Häusler, Oliver: Web Site Security, a. a. O., S. 11.

4.6.2 Testobjekte und Fragestellungen

Sicherheitslücken können in nahezu allen software- oder hardwareseitigen Komponenten einer Web Site begründet liegen, so etwa in Servern, Datenbanken, Betriebssystemen oder den Applikationen selbst.

Für den Test sind zwei Ebenen zu betrachten: Zum einen die Konformität der Web Site mit den relevanten Sicherheitsanforderungen und Standards,[255] zum anderen das erreichte Maß der Sicherheit. In Bezug auf letzteres handelt es sich überwiegend um einen Black-Box-Test auf Systemebene: Im wesentlichen interessiert nicht, woraus das System besteht und wie es gesichert wird. Entscheidend ist, ob es einem Angriff standhält.

Konkret können drei Klassen von Sicherheits-Problemen unterschieden werden, nämlich Authentizität und Integrität, Probleme der Datenübertragung sowie die Sicherheit der Applikation selbst.[256] Als klassische Gegenmaßnahmen sind etwa die Abschottung durch Firewalls, Verschlüsselungstechniken oder und Zugriffsregelungen üblich.[257]

In Bezug auf den Test von Web Sites sind insbesondere Sicherheits-Fragestellungen interessant, die unmittelbare Probleme durch die Softwarekomponenten der Web Site überprüfen. So können Back-End-Systeme gar nicht vollständig vom öffentlichen Internet abgeschottet werden, weil Skripte bei einer Online-Bestellung darauf zugreifen müssen. Da die Internet-Protokolle ursprünglich für reine Darstellungszwecke konzipiert wurden, enthalten sie etliche systemimmanente Mängel.[258] Dazu zählt, dass die Inhalte der übertragenen Daten nicht überprüft werden. Beispiele für Angriffe auf derartige Sicherheitslücken sind das Verstecken von Befehlen in Formularfeldern oder der Zugriff auf Dateien durch Veränderung von Cookies.[259] Für eine Firewall bleibt ein solcher Angriff im Normalfall unbemerkt.

---

255 Vgl. Nguyen, Hung Quoc: Testing Applications on the Web, a. a. O., S. 308.

256 Vgl. Strobel, Stefan: Sicherheitsprobleme bei E-Commerce- / E-Business Lösungen, a. a. O., S. 44.

257 Teufel, Stephanie; Schlienger, Thomas: Informationssicherheit – Wege zur kontrollierten Unsicherheit, a. a. O., S. 28.

258 Vgl. Schwickert, Axel C.; Häusler, Oliver: Web Site Security, a. a. O., S. 16f..

259 Vgl. Strobel, Stefan: Sicherheitsprobleme bei E-Commerce- / E-Business Lösungen, a. a. O., S. 46.

4.6.3 Vorgehen beim Sicherheits-Test

Die Konformität zu den bestehenden Sicherheitsvorgaben erfolgt in der Regel durch Überprüfung der Systemspezifikationen während des Entwurf einer Web Site. Maßgeblich hierbei sind neben der unternehmensinternen Sicherheitspolitik auch nationale und internationale Datenschutzbestimmungen. Beispielsweise dürfen europäische Konzerne nach der EU-Datenschutzrichtlinie Daten eigentlich nur in Drittstaaten übermitteln, die ein ähnliches Datenschutzniveau aufweisen.[260] Diese Aspekte sind nicht unwichtig, denn aktuelle Untersuchungen zeigen, dass nicht einmal große amerikanische Unternehmen die europäischen Standards erfüllen.[261]

Die wichtigste Methode zum Test des Sicherheitsstandards einer Web Site ist der Einbruchsversuch. Auf Anwendungen, Betriebssysteme und Kommunikationsprotokolle können hierfür Angriffssimulationen durchgeführt werden.[262] Der Einbruchstest von Web Sites erfordert jedoch eine Kombination aus fundierten technischen Kenntnissen, Sicherheitstools und Erfahrung. In der Regel wird ein solcher Test daher von Spezialisten im eigenen Unternehmen oder von Beratungsfirmen durchgeführt.[263] Wie empirische Untersuchungen zeigen, verlassen sich Unternehmen primär auf regelmäßige Überprüfungen durch externe Anbieter,[264] die oft toolbasiert über das Internet erfolgen.[265]

In Unternehmen mit besonderen Sicherheitsanforderungen wie etwa Banken sind oft ganze Teams ausschließlich mit der Sicherheit der Web Site befasst. Test-Tools und Virenschilde werden hier teilweise auf täglicher Basis aktualisiert.[266] In solchen Unternehmen finden sich häufig technisch versierte Mitarbeiter mit Hacker-Mentalität,

---

260 Vgl. Büllesbach, Alfred; Höss-Löw, Petra: Vertragslösung, Safe Harbour oder Privacy Code of Conduct, in: DuD - Datenschutz und Datensicherheit, 03/2001, S. 135.

261 Vgl. o. V.: Global: US Websites have ignored EU privacy requirements, in: ebusinessforum.com, 17.08.2001, Online im Internet: http://www.ebusinessforum.com/index.asp?layout=rich_story_ friendly&doc_id=4289.

262 Vgl. Schwickert, Axel C.; Häusler, Oliver: Web Site Security, a. a. O., S. 35f..

263 Vgl. Nguyen, Hung Quoc: Testing Applications on the Web, a. a. O., S. 300.

264 Vgl. Meier, Andreas et al.: Marktstudie Internet & Electronic Business, in: HMD – Praxis der Wirtschaftsinformatik, 05/2000, S. 119.

265 o. V.: ONLINE-SERVICES – Der Einbruchstest kommt übers Netz, in: Computer Zeitung, 01.03.2001, S. 20.

266 Vgl. Meyerhoff, Dirk; Huberty, Dirk: Testing Web-Based Home Banking Applications, a. a. O., S. 204.

die regelmäßig versuchen, die Schutzwälle mit den jeweils neuesten bekannten Attacken zu überwinden.[267]

Randbereiche des Sicherheitstests von Web Sites sind der Test von Sicherheit auf Client-Seite und Funktionsprobleme durch Firewalls. Sicherheits-Einstellungen im Browser des Kunden können die Darstellung der Site beeinträchtigen, etwa durch Ablehnen von Cookies oder Skripten. Dies wird jedoch in der Regel im Rahmen von Kompatibilitätstests mit überprüft.[268] Für letzteres sind Funktionstests mit und ohne Firewall durchzuführen, um festzustellen, ob ein funktionales Problem direkt auf die Sicherungsmaßnahmen der Firewall zurückgeht. Beispielsweise können Firewalls den Zugriff auf benötigte Ports oder Kommunikationsprotokolle verhindern.[269]

4.7   Integration

Viele Web Site-basierte Anwendungen müssen in bestehende Anwendungsumgebungen integriert werden oder greifen auf bestehende Datenbanken zu. Oftmals wird dies bei der Entwicklung von Web Sites nicht ausreichend berücksichtigt, so dass erst bei der Anbindung der neuen Systeme Fehler in der Konzeption gefunden werden.[270] Die Integration muss daher gründlich getestet werden.

Zum Test der Systemintegration zählen etwa die Kompatibilität der einzelnen Systeme, die Konvertierung verwendeter Datenformate oder Auswirkungen eines Updates von einzelnen Komponenten auf den Rest des Systems.[271] Auch administrativen Funktionen der Web Site müssen getestet werden, so etwa die Möglichkeiten zur Aufnahme neuer Produkte in bestehende Kataloge.[272]

Die Notwendigkeit des Tests der Integration von Web Sites wird zwar von mehreren Autoren angesprochen, konkrete Methoden und Techniken werden jedoch bislang kaum genannt. Dies könnte auf zwei Gründe zurückzuführen sein: Integrationstests sind auch bei der Einführung traditioneller Systeme notwendig und können daher mit einem etablierten Testinstrumentarium überprüft werden. Da die Integration stark von der

---

267 Vgl. o. V.: Mühsame Revolution, a. a. O., S. 204.

268 Vgl. Nguyen, Hung Quoc: Testing Applications on the Web, a. a. O., S. 301f..

269 Vgl. Nguyen, Hung Quoc: Testing Applications on the Web, a. a. O., S. 300.

270 Vgl. Meyerhoff, Dirk; Huberty, Dirk: Testing Web-Based Home Banking Applications, a. a. O., S. 205f..

271 Vgl. Lam, Wing: Testing E-Commerce Systems: A Practical Guide, a. a. O.

272 Vgl. Porter, P.: Toward an E-Commerce Testing Strategy, a. a. O..

jeweiligen Anwendungsumgebung abhängig ist, wird das Vorgehen dabei von Fall zu Fall sehr unterschiedlich sein.

Vermutlich ist der Verzicht auf eine detaillierte Beschreibung der Methodik jedoch auch auf die grundlegende Qualität der Problematik zurückzuführen. Während neu gegründete Internet-Unternehmen oftmals gleich auf eine vollständig integrierte Anwendungsumgebung aufbauen, sehen sich viele etablierte Unternehmen mit einer über Jahre entstandenen und sehr inhomogenen Anwendungsumgebung mit vielen parallel betriebenen Anwendungen konfrontiert, die bei einer Integration miteinbezogen werden müssen. Diese Problematik wird zur Zeit unter den Stichwort „Enterprise Application Integration" intensiv diskutiert.[273] Ist diese Überlegung zutreffend, so stellt die Integration einer Web Site in eine bestehende Anwendungsumgebung entweder nur ein geringes Problem dar, - oder aber ein so umfassendes, dass es in eigenen Projekten bearbeitet wird.

4.8 Benutzbarkeit (Usability)

4.8.1 Risikorelevanz und Abgrenzung

Die bisher behandelten Testbereiche betrafen objektiv zu messende oder bewertende Kriterien: Fehler in der Darstellung sind sichtbar, Leistung ist messbar und ein Sicherheitsniveau feststellbar. Der Usability-Test überprüft die subjektiv wahrgenommene Qualität der Web Site aus der Anwender-Perspektive. Es wird untersucht, ob der Anwender die dargestellte Seite versteht, ob er die objektiv vorgesehenen Funktionen mit seinen individuellen Fähigkeiten auch benutzen kann und ob die Site für seine tatsächlichen Bedürfnisse schnell und sicher genug ist. In gewissem Sinne ist Usability ein Meta-Konzept zur Validierung des gesamten Systems Web Site. Hierin finden sich viele Elemente des Akzeptanz- oder Abnahmetests bei traditioneller Software wieder. Der Usability-Test von Web Sites umfasst daneben jedoch zusätzliche Fragestellungen, insbesondere spielen Gestaltungskriterien eine wesentlich größere Rolle als in traditionellen Tests.[274]

---

273 Vgl. beispielsweise Orovic, Vladimir: Managing Enterprise Application Integration, Oracle Whitepaper, Juni 1999.

274 Vgl. Nguyen, Hung Quoc: Testing Applications on the Web, a. a. O., S. 157.

Das Thema Usability als solches ist keineswegs neu, sondern entspringt der seit Anfang der 1980er Jahre geführte Diskussion um Software-Ergonomie.[275] Dies ist deshalb von Bedeutung, weil in diesem Bereich bereits teilweise verbindliche Normen und Standards bestehen. Software-Ergonomie ist die „Lehre von der Anpassung eines dialogfähigen Arbeitssystems an die kognitiven und intellektuellen Eigenschaften des Menschen, der in einem organisatorischen Kontext arbeitet"[276]. Die zentralen Anforderungen an die Benutzbarkeit von Software sind in der DIN EN ISO 9241 festgelegt, explizit werden als Kriterien für die Dialoggestaltung Aufgabenangemessenheit, Selbstbeschreibungsfähigkeit, Steuerbarkeit, Erwartungskonformität, Fehlertoleranz, Individualisierbarkeit und Lernförderlichkeit genannt.[277] Aus dieser Norm wurden in der Vergangenheit Standards für Prüfung- und Zertifizierungs-Verfahren entwickelt, die in speziellen Test-Labors durchgeführt werden.[278] Im Rahmen der traditionellen Softwareentwicklung wurden ergonomische Faktoren oftmals vernachlässigt, da eine schlüssige Wirtschaftlichkeitsrechnung für Software-Ergonomie selten durchgeführt wurde.[279]

Für eine Web Site bedeutet fehlende Benutzbarkeit das Risiko direkter Umsatzeinbußen: Der Internet-Anwender kann zum Gebrauch einer Funktion nicht gezwungen werden, denn er hat meist mehrere Anbieter zur Auswahl. Außerdem kann er nicht im Umgang mit den Funktionen der Site geschult werden. Dies hat zur Folge, dass er sie nicht nutzen wird, wenn er sie nicht versteht oder nicht billigt. Beispielsweise begründeten Testpersonen den Abbruch einer Online-Transaktion allein damit, dass die Kreditkartennummer *vor* der Anzeige der Kaufsumme abgefragt wurde.[280] Auch können häufige Umgestaltungen oder außergewöhnliche Designs den Benutzer verstören, und die Attraktivität neuer effektvoller Techniken nutzt sich sehr schnell ab. So lenken aufwendige Flash-Animationen den Benutzer möglicherweise ab oder sind wegen

---

275 Vgl. Griese, Joachim: Softwareergonomie, in: Lexikon der Wirtschaftsinformatik, Hrsg.: Mertens, Peter, 3. vollst. neu bearbeitete u. erweiterte Auflage, Berlin u. a.: Springer 1997, S. 367.

276 Griese, Joachim: Softwareergonomie, a. a. O., S. 369.

277 Vgl. Ansorge, Peter et al.: „Ergonomie geprüft" – Das Ende der Benutzungsprobleme?, in: Information Management & Consulting, 03/1999, S. 60.

278 Vgl. Dzida, Wolfgang; Freitag, Regine: Usability Testing – The DATech Standard, in: Software Quality – State of the Art in Management, Testing and Tools, Hrsg.: Wieczorek, Martin; Meyerhoff, Dirk, Berlin u. a.: Springer 2001, S. 160f.

279 Vgl. Oberquelle, Horst: Kosten der (Un-)Benutzbarkeit – (k)ein Thema für die Wirtschaftsinformatik?, in: HMD – Praxis der Wirtschaftinformatik, 02/2000, S. 4f..

280 Vgl. Riedman, Patricia: Latest hot trend tests usability of Web sites, in: Advertising Age, 41/2000, S. 48.

längerer Ladezeiten störend.[281] Vor diesem Hintergrund wird der Usability-Test inzwischen als einer der wichtigsten Bereiche des Tests von Web Sites neben der Leistung und der Sicherheit betrachtet.

Die Standards der klassischen Software-Ergonomie können für den Test jedoch nicht einfach übernommen werden. Die Benutzung von Web Sites unterscheidet sich sehr deutlich von traditionellen Anwendungs-Systemen, beispielsweise durch das Nebeneinander der globalen Interaktionslogik des Browsers und der lokalen Interaktionslogik der Web Site selbst.[282] Hier kommt zum Tragen, dass das Internet und World Wide Web ursprünglich nicht als Plattform für komplexe Anwendungssysteme entwickelt wurde. Zugleich unterscheidet sich das Design einer Web Site auch von klassischen Marketing-Instrumenten. Beispielsweise kann nicht mehr mit Blickfängern gearbeitet werden, da während der Ladezeit bereits kognitive Prozesse ablaufen.[283]

Zusammenfassend lässt sich sagen, dass eine hohe Benutzbarkeit eine wichtige Erfolgsvoraussetzung für Web Sites ist. Komplexe Sites sollten demnach in jedem Fall vor der Veröffentlichung einer Usability-Analyse durch spezialisierte Tester unterzogen werden. Neben einer höheren Kundenzufriedenheit kann dies auch mit einem überzeugenden Return on Investment begründet werden: Das Kosten-Nutzen-Verhältnis der Investition in einen solchen Test wird anhand verschiedener Auswertungen auf 1:10 bis 1:100 geschätzt.[284]

4.8.2 Testobjekte und Fragestellungen

Der Usability-Test ist im wesentlichen systembezogen und betrachtet alle Programm-Komponenten der Web Site in einem Black-Box-Test. Zu den wichtigsten Testobjekten für die Usability einer Web Site zählen die Seitenstrukturen, Bezeichnungen und Metaphern, die Navigation und Informationsstruktur, sowie Transaktionsprozesse und Formulare.[285] Seitenstrukturen und Navigationsmerkmale sollen im Folgenden kurz näher erläutert werden.

---

281 Vgl. Puscher, Frank: Funktion statt Design, in: <e>Market, 25/2001, S. 14f..

282 Vgl. Ansorge, Peter et al.: „Ergonomie geprüft" – Das Ende der Benutzungsprobleme?, a. a. O., S. 63.

283 Vgl. Puscher, Frank: Funktion statt Design, a. a. O., S. 15.

284 Vgl. Bollaert, Jodi: Is Usability Useful in E-commerce?, a. a. O..

285 Vgl. Puscher, Frank: Praxis Design-Fehler vermeiden, in: Internet World, 5/2001, S. 80.

- Seitenstrukturen, Begriffe und Metaphern

  Inzwischen sind im Internet bestimmte Anordnungen von strukturierenden Elementen üblich, etwa eine Navigationsleiste auf der linken Seite oder am oberen Rand. Ein Abweichung ist daher für Nutzer problematisch und muss einen triftigen Grund haben.[286] Verwendete Begriffe werden oftmals in Anlehnung an etablierte Termini in einem Unternehmen angelehnt oder die Gliederung der Seite wird nach den internen Organisationsstrukturen vorgenommen. Damit einhergehende Verständnisprobleme auf Seiten der Nutzer sind für einen internen Tester kaum festzustellen.[287]

  Auch Metaphern wie ein kleiner Einkaufswagen für die Liste der ausgewählten Produkte oder ein Briefkasten oder Briefumschlag für eine E-Mail-Funktion ist etabliert. Von diesen Konventionen sollte nur abgewichen werden, wenn man die Zielgruppe deren Kenntnisse und Erwartungen sehr genau kennt.[288] Bei einer aktuellen Befragung nannten Usability-Tester einer großen deutschen Web-Agenturen die Wortwahl als häufigstes Problem von getesteten Web Sites.[289]

- Navigation und Informationsstruktur

  Generell werden Navigationssysteme in primäre und sekundäre Navigation unterteilt. Die primäre Navigation repräsentiert die Struktur des Inhalts,[290] die sekundäre Navigation bietet alternative Zugriffspfade, etwa durch Guided Tours, Suchfunktionen oder Überblicksfunktionen wie Site Map bzw. Table of Content.[291] Die Inhalte einer Web Site können netzartig und hochdynamisch miteinander verknüpft werden. Ein Benutzer sollte aber immer in der Lage sein, den Aufbau einer Web Site zu verstehen. Fehlt einer Web Site die unmittelbar erkennbare, am besten hierarchische primäre Struktur, besteht die Gefahr des „getting lost in cyberspace".[292]

---

286 Vgl. Scholz, Joachim: Sites im Labor, in: <e>Market, 17/2001, S. 59.

287 Vgl. Puscher, Frank: Praxis Design-Fehler vermeiden, a. a. O., S. 80.

288 Vgl. Puscher, Frank: Praxis Projekt – Qualität ist das A und O, in: Internet World, 10/2000, S. 118.

289 Vgl. Scholz, Joachim: Sites im Labor, a. a. O., S. 59.

290 Vgl. Schneider, Bernd; Lederbogen, Kai: Navigationskonzepte für Internet-Anwendungen, in: Information Management & Consulting, 01/1999, S. 105.

291 Vgl. Schneider, Bernd; Lederbogen, Kai: Navigationskonzepte für Internet-Anwendungen, a. a. O., S. 107.

292 Vgl. Schneider, Bernd; Lederbogen, Kai: Navigationskonzepte für Internet-Anwendungen, a. a. O., S: 104.

Allgemeine Probleme mit der Navigation treten beispielweise durch eine ungenügende Kennzeichnung von Navigationselementen auf, durch zu kleine und zu eng beieinanderliegende Buttons oder durch zu kurze Zeittakte bei der Anzeige von Mouse-Effekten.[293] Weitere Probleme sind etwa unklare Navigationsbegriffe oder Unübersichtlichkeit durch eine Überladung mit Elementen und zu langen Texten.[294] Als häufigste Fehler aus diesem Bereich werden von Test-Labors eine unklare Navigationslogik und die Verwendung zu vieler Navigationselemente genannt.[295]

Erschwert wird die optimale Ausgestaltung der Usability letztlich dadurch, dass die Bewegung von Nutzern durch eine Web Site nicht eindeutig vorhergesagt werden kann. Sie besteht nämlich aus zahlreichen diskretionären Entscheidungen unter Einbeziehung komplexer kognitiver Faktoren.[296] Inzwischen gibt es daher automatisierte Agenten, die das Navigationsverhalten von realen Benutzern beobachten und anhand von „Landmarken" und Knotenpunkten analysieren.[297] Diese unterstützen die Optimierung von Navigationssystemen, sind aber kein Ersatz für einen systematischen Usability-Test.

4.8.3 Vorgehen beim Usability-Test

Der Umgang eines Benutzers mit einer Web Site hängt im wesentlichen von seiner Computererfahrung, seiner Web-Erfahrung, seiner Kenntnis über das inhaltliche Thema und der Erfahrung mit den speziellen Funktionen ab.[298] Die Ermittlung des Zielpublikums stellt damit den ersten Schritt für einen Usability-Test dar. Insbesondere bei Sites mit einem sehr breiten Zielpublikum sind im wesentlichen die Kenntnisse der unerfahrenen Benutzer bei einem Test zugrunde zu legen.

---

293 Vgl. Theuner, Gabriele: Erfolgsfaktoren User-orientierter Webseitengestaltung, a. a. O., S. 71.

294 Vgl. Theuner, Gabriele: Erfolgsfaktoren User-orientierter Webseitengestaltung, a. a. O., S. 72.

295 Vgl. Scholz, Joachim: Sites im Labor, a. a. O., S. 59.

296 Rodríguez, Martin G. et al.: Web Navigability Testing with Remote Agents, in: Web Engineering – Managing Diversity and Complexity of Web Application Development, Hrsg.: Murugesan, San; Deshpande, Yogesh, Lecture Notes in Computer Science, Vol. 2016, Berlin et al.: Springer 2001, S. 312.

297 Vgl. Rodríguez, Martin G. et al.: Web Navigability Testing with Remote Agents, a. a. O., S. 314.

298 Vgl. Nguyen, Hung Quoc: Testing Applications on the Web, a. a. O., S. 153f..

Tests werden in der Regel durch spezialisierte Usability-Labors durchgeführt, große Web-Agenturen verfügen meist selbst über derartige Einrichtungen.[299] Inzwischen werden für den Test von Web Sites auch erste Methodenansätze entwickelt, die sich an die etablierten ISO-Standards anlehnen.[300] Allgemein lassen sich als Grundmethoden Heuristische Evaluationen, Pluralistic Walkthroughs sowie „echte" Usability-Tests unterscheiden:

- Heuristische Evaluation und Pluralistic Walktrough

  Eine *heuristische Evaluation* überprüft die Web Site anhand von etablierten Kriterien zur Gestaltung benutzerfreundlicher Web Sites. Dies wird gelegentlich auch als „Usability Engineering" bezeichnet.[301] Die Einhaltung der Prinzipien wird dabei in der Regel von einer Gruppe von Usability-Experten überprüft.[302]

  Ein *Pluralistic Walktrough* funktioniert ähnlich. Hier werden im Entwicklungs-Team „typische" Userprofile entwickelt und versucht, mögliche Interaktionen des Benutzers auf der Site theoretisch zu verfolgen. Dabei kann zum Beispiel überprüft werden, ob ein Benutzer immer alle notwendigen Informationen auf dem Bildschirm zu Verfügung hat, oder ob er sich auf sein Gedächtnis verlassen muss.[303]

  Der Vorteil dieser beiden Methoden ist, dass sie bereits in der Design-Phase der Entwicklung durchgeführt werden können. Für den frühen Test der Seitenstruktur empfiehlt Schmeiser[304] sogar die Entwicklung und den Test eines „Prototyps" in Form einer simplen klickbaren Folge von HTML-Seiten, die außer der Navigationsfunktion und vagen Inhaltsangabe nichts enthalten.

---

299 Vgl. Scholz, Joachim: Sites im Labor, a. a. O., S. 59.

300 Vgl. Endres, Gunter: WEB-ERGONOMIE – Im Labor durchläuft die Site einen Fitnesstest, in: Computer Zeitung, 40/2000, S. 31.

301 Vgl. Bollaert, Jodi: Is Usability Useful in E-commerce? in: Compuware Intelligence, Online im Internet: http://www.compuware.com/intelligence/articles/e-usability.htm, 01.09.2001.

302 Vgl. Fichter, Darlene: Testing the Web site usability waters, in: Online, 2/2001, S. 79.

303 Vgl. Fichter, Darlene: Testing the Web site usability waters, a. a. O., S. 78.

304 Schmeiser, Lisa: Test drive your Web Site, in: Macworld, 5/2001, Online im Internet: http://www.macworld.com/2001/05/howto/drive.html.

- „Echte" Usability-Tests

  Der *Usability-Test* im engeren Sinne ist ein Test durch Endbenutzer, die eine Site
  entweder im Labor oder in ihrem privaten Umfeld benutzen.[305] Vier Formen der
  Beobachtung sind dabei üblich: Die Beobachtung durch Tester, die technische
  Überwachung der Augenbewegungen, die „Methode des lauten Denkens" oder das
  Co-Teaching.[306] Beim lauten Denken kommentiert eine Versuchsperson die eigenen
  Schritte, während beim Co-Teaching eine Person die Schritte erklärt, denen eine
  zweite folgen soll. Im Dialog werden dann Schwierigkeiten herausgearbeitet. Meist
  werden den Usern dabei bestimmte Aufgaben vorgegeben, die auf der Web Site zu
  erfüllen sind. Drei Testebenen sind hier unterscheidbar: Die optische Wirkung der
  Site, Grundfunktionen wie die Navigation und spezifische Funktionen wie etwa
  Bestellprozesse.[307]

In der Regel werden für Usability-Tests fünf bis zehn Benutzer einen halben Tag lang
beobachtet.[308] Wesentlich mehr Testpersonen können bei der Online-Marktforschung
einbezogen werden. Hier werden registrierte Personen bei Bedarf per E-Mail über eine
Website informiert, die diese Online testen und per Fragebogen auswerten.[309] Jedoch
kann auch eine detaillierte Analyse von nur einer Testperson wichtige Usability-Fehler
aufdecken.[310]

4.9 Regressionstests und Monitoring

Jede Änderung an einem bestehenden System muss auf die Korrektur bekannter Fehler,
das Auftreten neuer Fehler und unbeabsichtigte Auswirkungen auf das übrige System
getestet werden. Daher ist die Wiederholung eines gewissen Sets von Tests nach jeder
Änderung notwendig.[311] Mögliche Änderungen sind:

---

305 Vgl. Bollaert, Jodi: Is Usability Useful in E-commerce?, a. a. O..

306 Vgl. Scholz, Joachim: Sites im Labor, a. a. O., S. 58.

307 Vgl. Puscher, Frank: Praxis Projekt – Qualität ist das A und O, a. a. O..

308 Vgl. Puscher, Frank: Tests sollen Benutzerfreundlichkeit von Sites aufdecken – Usability ist das A
     und O beim E-Commerce, in: Computerwoche, 13/2001, S. 21.

309 Vgl. Puscher, Frank: Tests sollen Benutzerfreundlichkeit von Sites aufdecken – Usability ist das A
     und O beim E-Commerce,a. a. O., S. 22.

310 Vgl. Scholz, Joachim: Sites im Labor, a. a. O., S. 60.

311 Vgl. Weishaar, Gerd; Versteegen, Gerhard: Test the Web – Testen von Internet Applikationen, a. a.
     O., S. 48.

- Änderungen zum Upgrade der Web Site oder Änderungen des Inhalts;

- Änderungen im Umfeld, etwa die Einführung neuer Browserfunktionalitäten;

- Die Einführungen eines neuen Client-Typen;

- Korrekturen früherer Fehler;

- Implementierung einer vollständig überarbeiteten Version der Site;

- Änderungen und Upgrades der technischen Infrastruktur.[312]

Hierfür werden in der Regel frühere Testfälle archiviert, diese automatisch wiederholt und Abweichungen von erwartetem Verhalten protokolliert. Dieses Vorgehen folgt im wesentlichen traditionellen Methoden. Ergänzend müssen beispielsweise Änderungen in externen Links als Umweltänderung berücksichtigt werden.

Darüber hinaus haben sich die Anforderungen an ein wiederholtes Testen jedoch in Bezug auf Web Sites grundlegend geändert. Durch die unbekannte Zahl von Nutzern sowie die permanente Veränderung des technischen Umfeldes muss das Verhalten der Site im realen Betrieb laufend beobachtet werden. Selbst nach einer sorgfältig durchdachten Kapazitätsplanung können beispielsweise unerwartete Medienereignisse zu einem plötzlichen und radikalen Anstieg der Zugriffe führen.[313] Durch die zunächst unbekannte Zusammensetzung der Benutzergruppen lassen sich reale „Akzeptanztests" ebenfalls nur im laufenden Betrieb durchführen. Diesen geänderten Anforderungen muss durch ein permanentes Monitoring des Systemverhaltens Rechnung getragen werden.[314]

Monitoring ist die meist automatisierte Beobachtung der Leistung und des Ablaufgeschehens eines Computersystems.[315] Drei Kategorien von Informationen werden dabei erhoben: Leistungsdaten des Systems, Nutzerinformationen und Informationen über die

---

312 Vgl. Bromnick, Miriam: Testing Tools, Trends and Perspektives, a. a. O., S. 279.

313 Vgl. Rensmann, Jörg: Kampf dem Datenstau – Hohen Traffic bewältigen, in: Internet Professionell, 06/2001, S. 60.

314 Vgl. Kopaitic, Edi: Fehlersuche für Fortgeschrittene – Performance-Probleme bei Web-Anwendungen, a. a. O., S. 28.

315 Vgl. Schwickert, Axel C.; Wendt, Peter: Web Site Monitoring – Teil 1: Einordnung, Handlungsebenen, Adressaten, in: Arbeitspapiere WI, Nr. 06/2000, Hrsg.: Lehrstuhl für Allg. BWL und Wirtschaftinformatik, Mainz: Johannes Gutenberg-Universität 2000, S. 5.

Interaktion eines Benutzers mit dem System.[316] Dem Charakter nach ist das Monitoring ein Instrument des Controlling und dient der Generierung von Management-Informationen zur Kontrolle und Steuerung der Web Site.[317] Neben dieser strategischen Dimension des Controlling können die Daten auf der operativen Ebene auch zur Kapazitätsplanung und Verbesserung des bestehenden Angebotes verwendet werden.[318]

In der konkreten Diskussion über das Web Performance Monitoring fällt der Begriff Controlling allerdings nur selten. Im Vordergrund stehen die Optimierung des Systemverhaltens und die Implementierung von Frühwarn-Mechanismen für System-betreuer zur schnellen Reaktion auf Performance-Probleme.[319] Die Einführung von Monitoring-Tools wird damit begründet, dass die Ursachen von akuten Problemen nur auf automatischem Wege ausreichend schnell lokalisiert werden können.[320] In diesem Bereich dominiert demnach bislang die technische „Test"-Perspektive.

Die Analyse des Benutzerverhaltens geht über den eigentlichen Test einer Web Site hinaus, ist jedoch insbesondere für die Testplanung relevant. Durch die Auswertung der Nutzerdaten können beispielsweise die wichtigsten Client-Konfigurationen, die beliebtesten Funktionen einer Site und das Nutzungsprofil der Site über den Tag ermittelt werden.[321] Mit Hilfe dieser Daten können Schwerpunkte für den Kompati-bilitäts- und Funktionstest sowie realistische Spitzenbelastungen je Tageszeit bestimmt werden. Auch für die Analyse des Benutzerverhaltens werden Tools verwendet, etwa statistische Analyse-Tools zum Data Mining in Server-Logfiles, Tracker oder spezialisierte Shop-Analyzer.[322]

---

316 Vgl. Schwickert, Axel C.; Wendt, Peter: Web Site Monitoring – Teil 1: Einordnung, Handlungsebenen, a. a. O., S. 19.

317 Vgl. Schwickert, Axel C.; Wendt, Peter: Web Site Monitoring – Teil 1: Einordnung, Handlungsebenen, a. a. O., S. 6.

318 Vgl. Schwickert, Axel C.; Wendt, Peter: Web Site Monitoring – Teil 1: Einordnung, Handlungsebenen, a. a. O., S. 16.

319 Vgl. beispielsweise Eierle, Manfred: Web-Performance-Monitoring, in: IT Fokus 1-2/2001, S. 78 oder Reibold, Holger: Staumelder – Monitoring-Tools und –Techniken, in: Internet Professionell, 06/2001, S. 52f..

320 Vgl. Kopaitic, Edi: Fehlersuche für Fortgeschrittene – Performance-Probleme bei Web-Anwendungen, a. a. O., S. 30.

321 Vgl. Johnson, Karen: Mining Gold from Server Logs, in: Software Test and Quality Engineering, Januar/Februar 2001, Online im Internet: http://www.stqemagzine.com/index.asp?frame=CORE&content=FEATURED.

322 Vgl. Wagenknecht, Achim: Das Ende der Logfiles – User-Tracking: Trends, Methoden, Produkte, in: Internet Professionell, 06/2001, S. 54.

4.10 Automatisierung von Tests

Ein weiterer häufig angesprochener Diskussionsgegenstand ist die Automatisierung von Tests. Die wichtigsten Einsatzgebiete hierfür sind Kapazitäts- und Regressionstests, denn die hohe Benutzerzahl einer Web Site kann nur durch automatisiert arbeitende Tools simuliert werden. Testwiederholungen, die infolge häufiger Änderungen und Aktualisierungen einer Site notwendig sind, können vereinfacht und beschleunigt werden. [323] Die Vorteile der Automatisierung von Software-Tests liegen somit in einer gründlicheren, schnelleren und konsistenteren Durchführung.[324] Hinzu kommt, dass Test-Software nicht ermüdet; sie kann auch nachts oder am Wochenende arbeiten und Testfälle unbegrenzt oft mit gleicher Präzision wiederholen. Haupt[325] nennt als Beispiel einen automatisierten GUI- und Regressionstest, der in fünf Stunden 1150 Testfälle aus 41 Testpools durchführte, wobei 120.000 Zeilen Programmcode getestet wurden. Ohne Automatisierung müssten dafür rund zehn Arbeitstage aufgewendet werden.

Die Automatisierung von Tests ist jedoch auch mit Schwierigkeiten verbunden. So müssen Testskripte bei jeder Site-Änderung ebenfalls angepasst werden. An einem Tag mit außergewöhnlicher Netzlast können zahllose Time-outs das System belasten. Des Weiteren sind Darstellungsfehler wie unvollständig angezeigte Browserfenster manchmal nur sichtbar, aber nicht als Ereignis feststellbar; die Ursachen hierfür können in nahezu jeder internen und externen Netzwerkkomponente angesiedelt sein.[326] Von Nachteil ist auch, dass Monitoring Tools zwar die Ladezeiten einer Seite messen können, aber nicht entscheiden, ob die richtige Seite geladen wurde.[327] Schließlich ist auch eine Kosten-Nutzen-Abwägung notwendig: ein Tool reduziert zwar den unmittelbaren Testaufwand, aber seine Einführung kostet Geld und bedeutet zunächst hohen Schulungs-Aufwand.[328]

---

323 Vgl. Brian, Christoph; Büchi, Markus: e-business-Testing – neue Herausforderungen, a. a. O., S. 240.

324 Vgl. Thaller, Georg E.: Software-Test, Verifikation und Validation, a. a. O., S. 131.

325 Vgl. Haupt, Rainer: Probieren geht über verlieren, in: IT Management, 07/2001, S. 39.

326 Vgl. Killen, Scott; Kinikoglu, Yakup; McGary, Mike: Testing the Weird Wild Web, in: STI Software Testing Newsletter, Summer/Fall 1997, Online im Internet: http://www.ondaweb.com/sti/webtest.html.

327 Vgl. Nagridge, Tamara: Web Testing in All Four Directions, a. a. O..

328 Vgl. Haupt, Rainer: Probieren geht über verlieren, a. a. O., S. 36f.. Haupt schätzt den Schulungsaufwand auf etwa fünf Tage, für die Erstellung von Skripten werden weitere ein bis zwei Tage veranschlagt, S. 40.

Bereits bei der Automatisierung traditioneller Tests führten unrealistische Erwartungen der Unternehmen zu Problemen. Die Verwendung des Tools erzeugte ein trügerisches Sicherheitsgefühl, die organisatorischen Notwendigkeiten, Wartungsarbeiten und Vorbereitungen wurden in vielen Fällen verkannt.[329] Denn eine Automatisierung ist nur dann sinnvoll, wenn die nötigen Ressourcen für eine umfassende Einarbeitung und Vorbereitung des Tests zur Verfügung stehen.[330] Lohnend ist dieser Aufwand in der Regel nur, wenn ein Tool häufiger verwendet wird.[331]

Dies macht einen systematischen Auswahlprozess wie bei jeder Standardanwendungssoftware erforderlich. Wesentliche Auswahlkriterien sind beispielsweise die Lebensdauer des Produkts (Robustheit), die Möglichkeit zur Simulation beliebiger Nutzerzahlen (Skalierbarkeit), zur Erstellung unterschiedlicher Benutzerprofile (Flexibilität) und zur Überprüfbarkeit der Ergebnisse (Exaktheit) sowie die Übertragbarkeit der Ergebnisse in Standarddatenbanken (Offenheit).[332]

Wichtige Arten von Tools sind „Capture/Playback"–Werkzeuge, die durchgeführte Aktionen aufzeichnen und später wiederholen, Testfall- bzw. Testdaten-Generatoren sowie logische Analysewerkzeuge.[333] In Bezug auf den Funktionsumfang unterstützen Tools die Codequalität, Funktionen, Load- und Performance-Tests sowie Regressionstests. Die Tools scannen beispielsweise Web Sites, verfolgen systematisch Links, betätigen alle Buttons und protokollieren das Ergebnis.[334] Verfügbarkeitstests können oftmals von im Web verteilten Testservern aus durchgeführt werden. Ein gutes Tool sollte darüber hinaus die Testplanung, die Anforderungsanalyse und Testfallerstellung sowie Inspektionen und Reviews unterstützen.[335] Eine systematische und ausführliche Analyse der Kernbereiche und Charakteristika für Web Site Test-Tools gibt Miller[336].

---

329 Vgl. Thaller, Georg E.: Software-Test, Verifikation und Validation, a. a. O., S. 126f..

330 Vgl. Thaller, Georg E.: Software-Test, Verifikation und Validation, a. a. O., S. 131.

331 Vgl. Thaller, Georg E.: Software-Test, Verifikation und Validation, a. a. O., S. 128.

332 Vgl. Haupt, Rainer: Probieren geht über verlieren, in: IT Management, 07/2001, S. 37f..

333 Vgl. Thaller, Georg E.: Software-Test, Verifikation und Validation, a. a. O., S. 157. Eine Liste wichtiger und bekannter Tools für den test von Web Sites bietet Nguyen, Hung Quoc: Testing Applications on the Web, a. a. O., S. 338ff..

334 Vgl. o. V.: Best Practices – Ensuring Good Customer Experience through eBusiness Quality Testing, a. a. O., S. 3f..

335 Vgl. Bromnick, Miriam: Testing Tools, Trends and Perspektives, a. a. O., S. 283.

336 Miller, Edward: WebSite Testing, Online im Internet: http://www.soft.com/eValid/Technology/White.Papers/website.testing.htm, 01.09.2001.

5 Ein Ansatz zur Systematisierung des Tests von Web Sites

5.1 Strategische und taktische Testdimensionen

In den vergangenen Kapiteln wurde deutlich, dass aktuell viele verschiedene Aspekte des Tests von Web Sites in unterschiedlicher Intensität diskutiert werden. Jedoch ist es nicht einfach, daraus im konkreten Testfall die relevanten Kriterien oder notwendigen Testmethoden herauszufiltern. Auch scheinen nach wie vor einige wichtige Kriterien vernachlässigt zu werden, etwa der Test inhaltlicher oder organisatorischer Aspekte. Insbesondere fehlt überwiegend der Bezug zum Entwicklungsprozess von Web Sites, der im traditionellen Test als elementar betrachtet wird. Es scheint daher wünschenswert, die einzelnen Kriterien, Konzepte und Methoden in einem umfassenden Modell abzubilden. Dieses sollte zum einen mit einer möglichst vollständigen Perspektive den Test einer beliebig komplexen Web Site ermöglichen und zum anderen eine anpassungsfähige Planungsgrundlage für den konkreten Testfall zur Verfügung stellen.

Auch hier könnten möglicherweise Modelle aus dem Test traditioneller Software als Vorbilder dienen. Dies lässt sich beispielhaft anhand des dreidimensionalen Testmodells nach Perry[337] zeigen. Perry kombiniert in seinem Modell Teststrategie mit Testtaktiken, wobei sich die Teststrategie wiederum aus Testfaktoren in den einzelnen Testphasen zusammensetzt. Abbildung 4 zeigt das Schema dieses Modells.

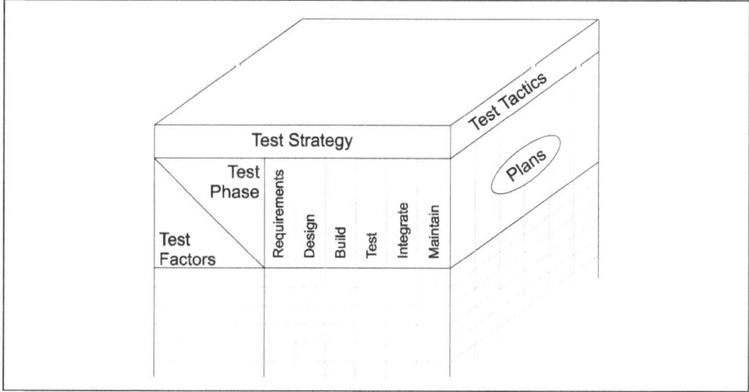

Abb. 4:   Teststrategie und Testtaktik nach Perry[338]

---

337 Vgl. Perry, William: Effective Methods for Software Testing, a. a. O., S. 28.
338 Nach Perry, William: Effective Methods for Software Testing, a. a. O., S. 28.

Basis der Teststrategie sind die strategischen Risiken, die aus dem Einsatz eines Software-Systems entstehen können. Hierzu zählen etwa Sicherheitsprobleme oder mangelnde Benutzbarkeit.[339] Die Testfaktoren sind demnach Attribute, die das Risiko adressieren und zu einem definierten Ausmaß erfüllt werden sollen.[340] Die Testphasen ergeben sich aus dem verwendeten Prozessmodell der Softwareentwicklung.[341] Zur Entwicklung der Teststrategie müssen zunächst die relevanten Testfaktoren ausgewählt und das Prozessmodell festgelegt werden. Dann werden die zentralen Risiken des Systems identifiziert und in der Matrix den Faktoren/Phasen zugeordnet, in der sie überwiegend adressiert werden müssen.[342]

Die Entwicklung der Testtaktiken erfolgt aus der Analyse der Teststrategie, der Art des Entwicklungsprojektes, der Art des Software-Systems und der Größe des Projektvorhabens. Dies erlaubt die Aufspaltung und Einteilung der strategischen Risiken in strukturelle, technische oder größenbedingte Risiken (taktische Risiken). Abschließend werden Zeitpunkt und Ablauf der System- und Unit-Tests geplant und festgeschrieben.[343]

Zur Systematisierung des Test von Web Sites müsste dieses Modell entsprechend angepasst werden. Dies bedeutet zum einen die Verwendung eines web-spezifischen Prozessmodells, zum anderen die Definition der Testfaktoren anhand der Qualitätskriterien für Web Sites. Schließlich müssten Risiken aus dem Umfeld des Internet adressiert und geeignete Testtechniken zugeordnet werden. Der aktuelle Stand der Diskussion liefert für keinen dieser Bereiche ein wirklich konsensfähiges abgeschlossenes Modell. Ein Entwurf gibt jedoch Hinweise für die Richtung weiterer Entwicklungen:

Das Komponentenmodell nach Schwickert[344] enthält ein Prozessmodell, dass die Besonderheiten der Entwicklung von Web Sites spiegelt. Dieses Vorgehensmodell teilt die Entwicklung einer Web Site in die Phasen Requirements, Design und Online ein. Vorteilhaft ist insbesondere, dass hier der kontinuierlichen Weiterentwicklung der Web

---

339 Vgl. Perry, William: Effective Methods for Software Testing, a. a. O., S. 14.

340 Vgl. Perry, William: Effective Methods for Software Testing, a. a. O., S. 25. Perry identifiziert insgesamt fünfzehn verschiedene Risiken und daraus resultierende Testfaktoren.

341 Vgl. Perry, William: Effective Methods for Software Testing, a. a. O., S. 20.

342 Vgl. Perry, William: Effective Methods for Software Testing, a. a. O., S. 27f.. Nach Perry sind in der Regel drei bis sieben der fünfzehn möglichen Faktoren ausreichend.

343 Vgl. Perry, William: Effective Methods for Software Testing, a. a. O., S. 33.

344 Vgl. Schwickert, Axel C.: Web Site Engineering – Ein Komponentenmodell, a. a. O., S. 21.

Site während des Betriebes Rechnung getragen wird. Jedoch ist anzumerken, dass die beschriebenen Tätigkeiten in der Design-Phase in diesem Modell im wesentlichen auf die Entwicklung des Front-End ausgerichtet ist. Für die Entwicklung komplexer web-basierter Anwendungen ist dagegen das parallele Design von Gestaltung, Struktur und internen System-Anforderungen notwendig.[345] Das Modell wäre daher um Elemente der Systementwicklung zu ergänzen, was jedoch an der grundsätzlichen Phasenstruktur nicht ändert. Kombiniert man dies mit den bislang in der Literatur diskutierten Konzepten und Methoden zum Test von Web Sites, so ergibt sich die in Tabelle 2 dargestellte strategische Matrix.

Die Darstellung macht deutlich, dass in der methodischen Abdeckung des Tests von Web Sites noch wesentliche Defizite bestehen. Alle in der Matrix grau gefärbten Felder werden in der bisherigen Diskussion nicht beachtet oder nur erwähnt. Darüber hinaus decken die vorgeschlagenen Test-Methoden die genannten Qualitätskriterien nur unvollständig ab. So wird für den Test des Inhalts bislang im wesentlichen nur die Darstellung herangezogen. Auch die dritte Dimension der Matrix, die Planung und Durchführung des Tests von Web Sites, wird kaum angesprochen. Demnach sind zukünftig weitere Konzepte der analytischen Qualitätssicherung bereitzustellen, um die Qualität des gesamten Konstrukts Web Site abzudecken.

Bevor ein solches Modell als Empfehlung betrachtet werden könnte, sind allerdings eine Vielzahl weiterer Untersuchungen notwendig. Hierzu zählt beispielsweise die schon angesprochene Weiterentwicklung eines web spezifischen Prozessmodells. Die bislang diskutierten Risikobereiche und Qualitätskriterien bedürfen darüber hinaus weiterer empirische Bestätigung. Zunächst soll jedoch die Erweiterung der Test-perspektive zur Abdeckung der bislang vernachlässigten Qualitätsaspekte betrachtet werden und anschließend kurz auf die Einflüsse der web-spezifischen Projektorganisation eingegangen werden.

---

345 Vgl. Courtney, Phillip E.: Testing e-commerce, a. a. O..

Test-Strategie		Web Site Engineering: Vorgehensmodell				
		Web Site Requirements	Web Site Design — Front-End: Struktur und Content / Back-End: Anwendungssystem			Web Site Online
		Spezifikation	Design	Programmierung	Test	Weiterentwicklung
Inhalt	Informationsqualität			Darstellung	Darstellung	
Inhalt	Zielgruppengenaugkeit					
Inhalt	Attraktivität/Design					
Inhalt	Aktualität					Monitoring
Systemqualität	Usability	Reviews	Pluralistic Walkthrough	Prototypen	Labortest	Monitoring
Systemqualität	Funktionalität		Analog traditioneller Funktionstest			Regressionstest
Systemqualität	Performance				Leistungstest	Monitoring
Systemqualität	Zuverlässigkeit			Reliabilitätstesttest		Monitoring
Systemqualität	Sicherheit		Konformität Sicherheitspolitik	Prüfung der Implementierung	Einbruchstests	Regressionstests
Systemqualität	Kompatibilität			Kompatibilitätstest		Regressionstests
Prozess	Integration				Technischer Integrationstest	Regressionstest
Prozess	Prozesskontrolle					
Prozess	Personalisierung				Funktionaler Test	
Prozess	Reaktionszeiten					

(Zeilengruppen-Klammer links: **Web Site Qualitätskriterien**)

Tab. 2:   Strategische Test-Matrix und methodische Abdeckung

5.2   Erweiterung der Testperspektive

5.2.1 Inhaltliche Testaspekte

Wie bereits mehrfach angesprochen ist die enge Verknüpfung zwischen technischen und inhaltlichen Aspekten eine Besonderheit von Web Sites. Hierin werden insbesondere die strategischen Aspekte einer Webpräsenz deutlich. Der einfachste Bereich der inhaltlichen Überprüfung macht zugleich deren Notwendigkeit deutlich: Keine Web Site sollte rechtlich verfolgbare Inhalte wie irreführende Produktbeschreibungen oder Verstöße gegen Urheberrechte enthalten.[346] Demnach sollten Informationen erst „nach eingehender inhaltlicher, layout- und funktionstechnischer Überprüfung"[347] in die Web Site eingestellt werden. Zwei konkrete Testbereiche für Informationen sind die Internationalisierung und die Personalisierung von Information:

- Internationalisierung

  Bereits im Zusammenhang mit traditioneller Software wird vereinzelt auf die Notwendigkeit eines Tests auf internationale Kompatibilität und Exportierbarkeit hingewiesen.[348] Durch die weltweite Abrufbarkeit einer Web Site ist dieser Aspekt beim Test von Web Sites relevant, speziell wenn ein globales Publikum angesprochen werden soll. Dies reicht von der Frage nach dem Format von Adressfeldern und Maßen, über die Auswahl von Währungen, Zahlungs- und Liefermodalitäten bis hin zu rechtlichen Fragen wie etwa Garantien.[349] Technische Fragestellungen ergeben sich beispielsweise aus browser-unterstützter Sprachwahl oder aus unterschiedlichen Code Pages und Tastaturen. Hier muss nicht nur die Kompatibilität der Seitendarstellung, sondern auch der Umgang von Datenbanken und Eingabefunktionen mit internationalen Sonderzeichen überprüft werden.[350] Auch die kulturelle Verträglichkeit der angebotenen Inhalte muss eventuell überprüft werden.[351]

---

346 Vgl. Lam, Wing: Testing E-Commerce Systems: A Practical Guide, a. a. O..

347 Schwickert, Axel C.: Web Site Engineering, Ökonomische Analyse und Entwicklungssystematik für eBusiness-Präsenzen, a. a. O., S. 116.

348 Vgl. Kaner, Cem; Falk, Jack; Nguyen, Hung Choc: Testing Computer Software, a. a. O., S. 169.

349 Vgl. Dibachi, Rhonda: Testing Electronic Commerce Websites, a. a. O.

350 Vgl. Lam, Wing: Testing E-Commerce Systems: A Practical Guide, a. a. O..

351 Vgl. Lam, Wing: Testing E-Commerce Systems: A Practical Guide, a. a. O..

- Personalisierung

  Personalisierung ist inzwischen ein wichtiger Faktor für die Wettbewerbsfähigkeit und Qualität einer Web Site.[352] Sie stellt eine Kombination aus technischer Funktionalität und inhaltlichen Aspekten dar, die beide einer Überprüfung bedürfen. Erstere umfasst etwa die Identifikation von Benutzern, die fehlerfreie Wiedergabe selbstgewählter Einstellungen oder die korrekte Zuordnung von Werbung oder Empfehlungen zu Kundenaktionen und wird meist während des Funktionstests der Web Site berücksichtigt. Eine qualitativ hochwertige Personalisierung muss dem Kunden nicht irgendeine, sondern überraschende und für ihn interessante Informationen zur Verfügung stellen.[353] Dadurch stellt sich die Frage nach einer allgemeinen Bewertung von Inhalten.

Mittlerweile liegen erste Ansätze vor, die allgemeine Qualitätskriterien von Informationen im Internet benennen. Diese weisen bislang keinen direkten Bezug zum Testen auf, können aber möglicherweise Anregungen für die Implementierung entsprechender Testmechanismen geben.

Nach Naumann und Rolker[354] hängt die allgemeine Informationsqualität von drei Faktoren ab: vom Anwender, von der Informationsquelle und vom Suchvorgang. Daraus ergeben sich als drei Klassen subjektbezogene, objektbezogene und prozessbezogene Qualitätskriterien. Diese können zum Teil durch den Anbieter sichergestellt werden und sollten daher systematisch überprüft werden. Im einzelnen umfasst dies:

- *Subjektbezogene Kriterien*

  Hierzu zählen Glaubwürdigkeit, knappe und bündige Darstellung, Interpretierbarkeit, Relevanz, Reputation, Verständlichkeit und Value added.[355]

---

352 Vgl. Mobasher, Bamshad et al.: Integrating Web Usage and Content Mining for More Effective Personalization, in: Electronic Commerce and Web Technologies, Hrsg.: Bauknecht, Kurt; Madria, Sanjay Kumar; Pernul, Günther,: Lecture Notes in Computer Science, Vol. 1875, Berlin u. a.: Springer 2000, S. 165.

353 Vgl. Hirooka, Yasuo; Terano, Takao; Otsuka, Yukichi: Extending Content-Based Recommendations by Order-Matching and Cross-Matching Methods, in: Electronic Commerce and Web Technologies, Hrsg.: Bauknecht, Kurt; Madria, Sanjay Kumar; Pernul, Günther,: Lecture Notes in Computer Science, Vol. 1875, Berlin u. a.: Springer 2000, S. 189.

354 Naumann, Felix; Rolker, Claudia: Assessment Methods for Information Quality Criteria, Online im Internet: ftp://ftp.dbis.informatik.hu-berlin.de/pub/papers/conferences/IQ2000.pdf, 01.09.2001.

355 Vgl. Naumann, Felix; Rolker, Claudia: Assessment Methods for Information Quality Criteria, a. a. O., S. 6.

Die subjektbezogenen Kriterien können - ähnlich den Usability-Kriterien – nur durch den Endbenutzer selbst bewertet werden. Möglicherweise sollten solche Tests in die Usability-Prüfung integriert werden. Um solche Tests zu ermöglichen, müssen jedoch zu einem frühen Zeitpunkt in der Systementwicklung aufbereitete Inhalte zur Verfügung stehen. Denn die Bewertung der Darstellung kann beispielsweise deutliche Auswirkungen auf die Gestaltung von Seiten-Layouts haben.

Glaubwürdigkeit und Relevanz sind dagegen wesentliche Elemente des bereits angesprochenen Qualitätskriteriums „Zielgruppengenauigkeit"[356]. Hier sind etwa spezielle Termini aus der Sprache der Zielgruppe zu überprüfen. Während in Bezug auf Usability noch die Vermeidung von „Insider"-Sprache gefordert wurde, kann dies für eine spezialisierte Site umgekehrt besonders notwendig sein. Oder die anvisierte Zielgruppe legt großen Wert auf große Grafiken und nimmt dafür lange Ladezeiten in Kauf.[357] Auch dies wäre eigentlich ein Verstoß gegen die üblichen Usability-Kriterien.

- *Objektbezogenen Kriterien*

Hierzu gehören Vollständigkeit, Benutzersupport, Dokumentation, Objektivität, Preis, Zuverlässigkeit, Sicherheit, Zeitgerechtigkeit und Nachprüfbarkeit.[358]

Die objektbezogenen Kriterien sind eng mit anderen Fragestellungen in Bezug auf Web Sites verknüpft. Die Objektivität und Nachprüfbarkeit der Inhalte wird insbesondere durch die Prozesse und Verantwortungsregelungen der Informationsgenerierung beeinflusst. Vollständigkeit, Dokumentation und Verlässlichkeit werden durch vereinbarte Formate und Templates zur Informationsbereitstellung unterstützt. Zeitgerechtigkeit bedeutet zum einen die Aktualität der Information, zum anderen die rechtzeitige Bereitstellung für eine darauf basierende Entscheidung und kann nur durch ein entsprechendes Management sichergestellt werden. Dies alles sind im wesentlichen Aspekte des Web Content Management.[359] Angelegt werden die Prozesse jedoch sinnvollerweise bereits vor oder während der Entwicklung einer

---

356 Siehe Kapitel 3.3 "Qualität und Qualitätskriterien".

357 Vgl. Revare, Steve: E-commerce Sites that Strike a Balance, in: Compuware Intelligence, 06/2000, Online im Internet: http://www.compuware.com/intelligence/articles/200006_topstory.htm.

358 Vgl. Naumann, Felix; Rolker, Claudia: Assessment Methods for Information Quality Criteria, a. a. O., S. 6.

359 Vgl. beispielsweise Porst, Axel: Content Management und Workgroup Computing, a. a. O. und Winand, Udo; Schellhase, Jörg: Web-Content-Management, in WISU, 10/2000, S. 1336f..

Web Site. Die Gestaltung von Test- und Kontrollmechanismen für das Content Management kann damit möglicherweise als ein Spezialbereich des Tests von Web Sites betrachtet werden.

- *Prozessbezogene Kriterien*

Diese umfassen Treffsicherheit, Datenmenge, Verfügbarkeit, konsistente Darstellung, Zugänglichkeit und Antwortzeiten.[360]

Die prozessbezogenen Kriterien sind überwiegend bereits in den vorangegangenen Kapiteln behandelt worden, so etwa Verfügbarkeit oder Antwortzeiten. Einen Hinweis auf bislang vernachlässigte Aspekte geben möglicherweise die Kriterien Konsistenz und Datenmengen: Wurde Konsistenz bislang überwiegend im Zusammenhang mit dem Design der Site betrachtet, so ist an dieser Stelle auch die Konsistenz von Systemdesign und Inhalt zu berücksichtigen. Einen Hinweis auf diesbezügliche Probleme geben Vergleichstests bestehender Web Sites. So weist Krause[361] darauf hin, dass in einem von ihm betrachteten Fall Anbieter sehr detaillierte Informationen zu ihren Produkten anboten, Formulare zur Kontaktaufnahme aber nur ganz allgemeine Fragen zuließen.

Die angebotenen Datenmengen geben einen Hinweis auf die qualitative Verbesserung einer sehr zentralen Funktion von Web Sites: der Suchfunktion. Im Rahmen der bisherigen Tests wurde lediglich deren korrekte Funktion überprüft. Johnson[362] dagegen bemerkt, dass dieses Element auch die Benutzererfahrung berücksichtigen muss. Im Rahmen des permanenten Monitoring sollte daher auch untersucht werden, wonach Kunden suchen und wie sie suchen. Da das Suchergebnis nichts anderes ist als eine indirekte Strukturierung der Inhalte durch Eingrenzung, sollten derartige Aspekte nicht unterschätzt werden. Die systematische Auswertung des Benutzerverhaltens bildet daneben auch die Grundlage für eine hochwertige Personalisierung.[363]

---

360 Vgl. Naumann, Felix; Rolker, Claudia: Assessment Methods for Information Quality Criteria, a. a. O., S. 6.

361 Krause, Jörg: Angebote wie aus der Kristallkugel, in: eCommerce Magazin, 05/2001, S. 15

362 Johnson, Karen: Mining Gold from Server Logs, a. a. O..

363 Vgl. Mobasher, Bamshad et al.: Integrating Web Usage and Content Mining for More Effective Personalization, a. a. O., S. 174.

5.2.2 Organisatorische und prozessorientierte Testaspekte

Dass die Etablierung von eBusiness und einer Web Site als Plattform einer organisatorischen Einbettung bedarf, ist aufgrund der unternehmensübergreifenden Interdependenzen der beteiligten Einheiten selbstverständlich.[364] Unternehmensbereiche selbst mit mittelbarem Kundenkontakt werden im weiteren Sinne mit zum Back-End einer Web Site gezählt.[365] Ebenso scheint selbstverständlich zu sein, dass diese Organisation nicht Gegenstand eines einfachen Tests sein kann.

Im wesentlichen trifft das wohl zu; zwei Aspekte verleihen der organisatorischen Perspektive von Web Sites jedoch eine neue Qualität: Zum einen lösen Endkunden erstmals ohne eine „menschliche" Interaktion Geschäftsprozesse aus, zum anderen verlangen Kunden in der Folge auch Kontrolle über diese Prozesse. Kritisch wird dies in dem Augenblick, wo ein Kunde aufgrund von Schwierigkeiten auf einem zweiten Interaktionsweg, etwa per Telefon, Kontakt mit dem Unternehmen aufnimmt. Der Kunde weiß präzise, welche Informationen dem Unternehmen vorliegen müssten, ein Fehler oder Mangel im internen Prozess fällt sofort störend auf.

Wird während einer Transaktion auf einer Web Site eine Service-Nummer angegeben, so wird der Telefonservice dem Kunden im übertragenen Sinne ebenfalls als „Funktion" der Web Site erscheinen. Kunden erwarten, dass der Verkaufsrepräsentant einen registrierten Kunden kennt, über bereits getätigte Transaktionen informiert ist und Fragen zur Funktionsweise der Web Site und zu den Produkten gleichsam beantworten kann.[366] Das Service-Telefon oder ein Help Desk ist oftmals der erste und einzige persönliche Kontakt des Kunden zum Unternehmen und entscheidet möglicherweise darüber, ob ein Kunde bleibt oder geht.[367] Die organisatorisch gelungene Einbettung in das Unternehmensgefüge wird damit zum Mittel der strategischen Differenzierung im

---

364 Vgl. Schwickert, Axel C.: Web Site Engineering, Ökonomische Analyse und Entwicklungssystematik für eBusiness-Präsenzen, a. a. O., S. 90.

365 Vgl. E-Commerce-Center Handel (Hrsg.): Die Begriffe des eCommerce, a. a. O., S. 67.

366 Vgl. Seybold, Patricia, mit Marshak, Ronni T.: koenig.kunde.com, Wie erfolgreiche Unternehmen im Internet Geschäfte machen, a. a. O., S. 35f. und 131.

367 Vgl. Lazar, Gerald: Not Your Father's IT Shop, in: Compuware Intelligence, 05/2000, Online im Internet: http://www.compuware.com/intelligence/articles/200005_itshop.htm.

Wettbewerb von Web Sites.[368] Hierin zeigt sich wiederum die strategische Dimension der Web Site, aber auch deren Bedeutung als Interaktionsmedium.

Technisch gesehen muss also die Verfügbarkeit sämtlicher Kunden- und Transaktionsinformationen an jeder möglichen Schnittstelle zum Kunden gewährleistet sein. Diese Übertragung und Aufbereitung der Informationen können in der Folge der Etablierung einer Web Site möglicher Gegenstand eines Tests sein. DiMaggio[369] empfiehlt darüber hinaus, die Anwendung einfach selbst zu benutzen und so die Schwachstellen in der eigenen Vertriebsunterstützung und Infrastruktur aufzudecken. Da unternehmensinterne Rivalitäten, fehlende Kenntnisse beim Personal und andere organisatorische Aspekte zu den wichtigsten Hindernissen für die Umsetzung von eBusiness zählen[370] sollten diese Aspekte der „erweiterten Web Site" im Rahmen eines umfassenden Konzepts nicht unterschätzt werden.

Als letzter prozessbezogener Aspekt ist die Prozesskontrolle durch den Kunden zu nennen. Ein Kunde möchte alle ihn betreffenden Informationen zu einer elektronischen Transaktion zur Verfügung haben und den Transaktionsprozess selbst kontrollieren.[371] Im Sinne einer vollständigen Anforderungserfüllung muss die Verfügbarkeit der Daten für den Kunden ebenfalls sichergestellt werden.

5.3   Rahmenbedingungen von Testprozessen

Der Erfolg einer analytische Qualitätssicherung ist eng mit der konstruktiven Qualitätssicherung verbunden. Das Testen von Web Sites kann ebenso wie der Test traditioneller Software nicht losgelöst von der Entwicklung betrachtet werden, denn Software-Tests sind von den Vorleistungen des Entwicklungsprozesses abhängig.[372] Tests können Qualität nicht in ein strukturell mangelhaftes Produkt hineinprüfen. Dies bedeutet, dass eine spezifische Testmethodik für Web Sites sinnvoll nur in Anlehnung an einen

---

368 Vgl. Eggenberger, Christian; Klein, Stefan: Wie binde ich eCommerce in das Unternehmen ein? – Interne Organisation, a. a. O., S. 181.

369 DiMaggio, Len: Software Testing in the Internet Age, a. a. O.

370 Vgl. Kanter, Rosabeth Moss: The ten deadly mistakes of Wanna-Dots, in: Harvard Business Review, 01/2001, S. 99.

371 Vgl. Seybold, Patricia, mit Marshak, Ronni T.: koenig.kunde.com, Wie erfolgreiche Unternehmen im Internet Geschäfte machen, a. a. O., S. 36 und Beck, Susanne; Leutenegger, Jean-Marc: ebusiness aus Kundensicht – vom Web-Zapper zum treuen virtuelle Kunden, a. a. O., S. 121.

372 Vgl. Müller, Uwe: Prüf- und Testprozesse in der Softwareentwicklung, a. a. O., S. 22.

strukturierten Entwicklungsprozess für Web Sites entworfen werden kann. Die Methoden des Web Site Engineering bieten dafür einen Ansatz.

Aufgrund des offenen Projektendes und der Notwenigkeit zur ständigen Weiterentwicklung einer Web Site sehen jüngste Überlegungen das Web Site Engineering jedoch bereits wieder als überholt an. So sieht Lowe[373] in den spezifischen Besonderheiten einer Web Site eher Parallelen zum Städtebau oder zur Landschaftsplanung. Als Lösung wird eine Kombination aus einer flexiblen Infrastruktur und einem Änderungs- und Erweiterungsmanagement vorgeschlagen, die auch als „Web Gardening" bezeichnet wird. Es bleibt abzuwarten, welche Konzepte sich langfristig als tragfähig erweisen.

Des weiteren ist die Güte der Tests abhängig von der zur Verfügung stehenden Zeit, den beteiligten Personen, von der möglichen Tool-Unterstützung und nicht zuletzt von finanziellen Ressourcen.[374] Die mangelnde methodische Qualifikation von Web-Entwicklern ist schon mehrfach angesprochen worden. Auch die grundlegende Ausbildung von Web Testern in Methoden und Technologien ist eine wesentliche Voraussetzung für einen erfolgreichen Test von Web Sites. Unabhängig von der individuellen Ausbildung ist dabei auch zu berücksichtigen, dass Web Sites in der Regel von vielen Personen aus sehr unterschiedlichen Bereichen entwickelt und aktualisiert werden. Dies stellt auch an das Management von Testprozessen neue Anforderungen.[375]

Vielleicht das wichtigste Problem sind jedoch die kurzen Entwicklungszyklen von Web Sites. Systematisches Testen braucht Zeit, die in diesem Fall oft nicht zur Verfügung steht.[376] Entwicklungszyklen von Web Sites werden oft nicht mehr in Monaten und Jahren gemessen, sondern in Wochen[377] oder bei Änderungen sogar in Tagen[378]. Gleichzeitig müssen Tester nicht nur über Design, Navigation und Funktionalität Bescheid wissen, sondern auch über Performance, Skalabilität und Inhalte.[379] Bach[380]

---

373 Lowe, David: A Framework for Defining Acceptance Criteria for Web Development Projects, in: Web Engineering – Managing Diversity and Complexity of Web Application Development, Hrsg.: Murugesan, San; Deshpande, Yogesh, Lecture Notes in Computer Science, Vol. 2016, Berlin u. a.: Springer 2001, S. 286.

374 Vgl. Gillies, Allan C.: Software Quality – Theory and management, a. a. O., S. 57.

375 Vgl. o. V.: Best Practices – Ensuring Good Customer Experience through eBusiness Quality Testing, a. a. O., S. 5.

376 Vgl. Powers, Mike: Why Test the Web? How Much Should You Test?, a. a. O..

377 Vgl. Ocampo, Gerry: Testing Considerations for Web-Enabled Applications, a. a. O..

378 Vgl. Dibachi, Rhonda: Testing Electronic Commerce Websites, a. a. O..

379 Vgl. Courtney, Phil: Testing Smart When Time is Short, in: Compuware Intelligence, 09/2000, Online im Internet: http://www.compuware.com/intelligence/articles/200009_ topstory4.htm.

fasst diese Probleme zusammen: „there is a deeper challenge: learning to test and assure quality under chaotic circumstances. [...] Welcome to the adventure."

Vor diesem Hintergrund ist zu erwarten, dass auch für die konkrete Planung und Durchführung von Tests neue Vorgehensmodelle entwickelt werden müssen. Jedoch geht Bromnick[381] davon aus, dass in Zukunft zunächst mehr Gewicht auf Planung und Management gelegt wird, ebenso wie frühzeitige Qualitätssicherung von Anforderungen und Design. Auch werden Test-Tools vermutlich verstärkt solche Aspekte unterstützen.

6   Zusammenfassung und Ausblick

Das Ziel der vorliegenden Arbeit war es, die Notwendigkeiten und spezifischen Probleme eines Tests von Web Sites aufzuzeigen, den Stand der aktuellen Diskussion sowie existierende Testmethoden vorzustellen und einen Ansatz zur Systematisierung des Tests zu entwickeln.

Zunächst wurde festgestellt, dass eine Web Site drei konstituierende Eigenschaften aufweist: Eine Web Site ist erstens eine strategische Marktpräsenz, zweitens ein komplexes Anwendungssystem und drittens ein Interaktions- und Transaktionsmedium für die Abwicklung des elektronischen Geschäftverkehrs eines Unternehmens. Da es sich um ein Anwendungssystem handelt, kann die Qualität der Web Site mit den Mitteln des Softwaretests überprüft werden. Dabei sind jedoch besondere Charakteristika zu berücksichtigen, die eine Web Site elementar von einem traditionellen Anwendungssystem unterscheiden. Hierzu zählen etwa die unbekannt Zahl, die Heterogenität und die hohen Qualitätsanforderungen der Benutzer sowie die Notwendigkeit einer kontinuierlichen Weiterentwicklung

Die Diskussion zeichnet sich durch eine sehr hohe Spezialisierung und Praxisorientierung der Akteure aus, die Wissenschaft befasst sich nur in geringem Umfang mit dem Test von Software und Web Sites. Dies ist insofern bemerkenswert, als Testen ein wesentlicher Bestandteil der Entwicklung von Software ist. Fehlerhafte Software verursacht wirtschaftliche Risiken, dies gilt für Web Sites sogar noch stärker als für viele traditionelle Anwendungen. Die Notwendigkeit und Erfolgsrelevanz eines Tests von Web Sites wird in der Diskussion dem entsprechend auch deutlich betont.

---

380 Bach, James: Testing Internet Software, a. a. O..
381 Bromnick, Miriam: Testing Tools, Trends and Perspektives, a. a. O., S. 284.

Obwohl Testen eine Methode der Qualitätssicherung ist, geben nur wenige Autoren Qualitätskriterien als Zielvorgabe an. Dabei wurde festgestellt, dass wissenschaftliche Ansätze die Qualitätsaspekte von Web Sites wesentlich vollständiger erfassen als Ansätze aus der Praxis. Zudem konnte in der Untersuchung kein vollständiges Konzept zur Überprüfung aller Qualitätskriterien gefunden werden. Die diskutierten Testbereiche und Methoden sind im wesentlichen auf Testbereiche ausgerichtet, die bereits im traditionellen Softwaretest behandelt werden, so etwa Performance und Funktionalität. Diese Tests werden lediglich um Web Site-spezifische Fragestellungen ergänzt.

Diese Beobachtung bestätigte sich im wesentlichen bei der Untersuchung der einzelnen Testbereiche. Diese wurden anhand ihrer speziellen Risikorelevanz, möglicher Testobjekte und bereits beschriebener Vorgehensweisen vorgestellt. Daneben wurde jedoch auch festgestellt, dass sich gegenüber dem Test traditioneller Software eine Bedeutungsverschiebung zugunsten benutzerorientierter Testbereiche zeigt. Weiterhin machte die Betrachtung deutlich, dass die speziellen Charakteristika einer Web Site eine Überschneidung des Test mit anderen fachlichen Bereichen erzeugen, so etwa mit dem Web Site Controlling.

Diese Bestandsaufnahme macht die Notwendigkeit einer Systematisierung und Konzeptualisierung des Tests von Web Sites deutlich. Der hier vorgenommenen Versuch zeigte deutliche Defizite in der methodischen Abdeckung auf. Diese Defizite sind insbesondere deshalb brisant, weil die vorgefundenen Lücken sehr wesentliche Kundenforderungen betreffen, so etwa inhaltliche und organisatorische Kriterien.

Diese Kriterien betonen die Wichtigkeit einer strategische Sicht auf die Web Site, wie sie bereits in der Definition festgestellt wurde. Eine Web Site verbindet in bislang einzigartiger Weise eine technische Basis mit fachlichen Inhalten und einer organisatorischen Eingliederung in ein Unternehmen. Diesem strategischen Aspekt wird bei der Behandlung des Test von Web Sites in Zukunft mehr Beachtung geschenkt werden müssen. Die Neuartigkeit dieser Kombination impliziert auch, dass bei zukünftigen Tests von Web Sites in Zukunft möglicherweise Aspekte überprüft werden müssen, die in der Vergangenheit nie als „Testobjekt" betrachtet wurden. Hierzu zählt etwa die organisatorische Einbettung einer Web Site.

Letztlich erfordert Qualität jedoch immer Kompromisse, da nie unbegrenzt Zeit und Ressourcen zur methodischen Qualitätssicherung zur Verfügung stehen. Einige Qualitätskriterien werden bei solchen Kompromissen in der Regel leichter aufgegeben als andere. In der Vergangenheit zählten Aspekte des Komfort oft dazu.[382] Fakt ist jedoch, dass Kunden im Internet völlig unbeeindruckt vom methodischen Stand der Testkonzepte Qualität nach ihren Vorstellungen einfordern und dabei unmittelbar über den Erfolg einer Site entscheiden. Um diesem Druck durch den Markt Rechnung zu tragen, ist dabei nicht nur die schnelle Systematisierung der Tests notwendig. Fast zwingend wird sich das Testen auch stärker von den Ansätzen des traditionellen Software-Tests lösen und die Wahrnehmung des Systems Web Site durch einen Kunden zur grundlegenden Betrachtungsperspektive machen müssen.

---

382 Vgl. Gillies, Allan C.: Software Quality – Theory and management, a. a. O., S. 5.

Literaturverzeichnis

1. **Alpar, Marcel:** Professionelle Softwaretests, Braunschweig; Wiesbaden: Vieweg 1994.

2. **Ansorge, Peter et al.:** „Ergonomie geprüft" – Das Ende der Benutzungsprobleme?, in: Information Management & Consulting, 03/1999, S. 59- 64.

3. **Bach, James:** Testing Internet Software, Original erschienen in: American Programmer, Dezember 1996, Online im Internet: http://www.veritest.com/testers'network/Inet1.asp.

4. **Bazzana, Gualtiero:** Ensuring the quality of Web Sites and E-Commerce Applications, in: Software Quality – State of the Art in Management, Testing and Tools, Hrsg.: Wieczorek, Martin; Meyerhoff, Dirk, Berlin u. a.: Springer 2001, S. 178-191.

5. **Beck, Susanne; Leutenegger, Jean-Marc:** e-business aus Kundensicht – vom Web-Zapper zum truen virtuelle Kunden, in: Das e-business Prinzip, Von Spinnern, Visionären und Realisten. Idee und Funktionsweise der neuen Wirtschaft, Hrsg.: IBM Consulting Group, Frankfurt a.M.: F.A.Z.-Institut für Management-, Markt- und Medieninformationen GmbH, 1999, S. 107-124.

6. **Bochmann, Gregor et al.:** Introducing QoS to Electronic Commerce Applications, in: Electronic Commerce Technologies, Hrsg.: Kou, Wedong; Yesha, Yelena; Chung, Jen Tan, Prodeedings of the ISEC 2001, Lecture Notes in Computer Sciens Vol. 2040, Berlin u. a., Springer 2001, S. 138-147.

7. **Bollaert, Jodi:** Is Usability Useful in E-commerce? in: Compuware Intelligence, Online im Internet: http://www.compuware.com/intelligence/articles/e-usability.htm, 01.09.2001.

8. **Brian, Christoph; Büchi, Markus:** e-business-Testing – neue Herausforderungen, in: Das e-business Prinzip, Von Spinnern, Visionären und Realisten. Idee und Funktionsweise der neuen Wirtschaft, Hrsg.: IBM Consulting Group, Frankfurt a.M.: F.A.Z.-Institut tür Management-, Maikt- und Medieninformationen GmbH 1999, S. 229-244.

9. **Bröhl, Adolf-Peter; Dröschel, Wolfgang:** Das V-Modell, 2. Aufl., München; Wien: Oldenbourg 1995.

10. **Bromnick, Miriam:** Testing Tools, Trends and Perspectives, in: Software Quality – State of the Art in Management, Testing and Tools, Hrsg.: Wieczorek, Martin; Meyerhoff, Dirk, Berlin u. a.: Springer 2001, S. 275-287.

11. **Brunner, Martin:** Entstehung einer e-business-Lösung – Das Business Content Management Framework, in: Das e-business Prinzip, Von Spinnern, Visionären und Realisten. Idee und Funktionsweise der neuen Wirtschaft, Hrsg.: IBM Consulting Group, Frankfurt a.M.: F.A.Z.-Institut für Management-, Markt- und Medieninformationen GmbH, 1999, S. 181-196.

12. **Büllesbach, Alfred; Höss-Löw, Petra:** Vertragslösung, Safe Harbour oder Privacy Code of Conduct, in: DuD - Datenschutz und Datensicherheit, 03/2001, S. 135-138.

13. **Center for Research in Electronic Commerce** der Universität Bern: Begriffe, Online im Internet: http://ec.unibe.ch/begriffe.asp, 01.09.2001.

14. **Courtney, Phillip E.:** Testing e-commerce, Original erschienen in: Application Development Trends, Juli 1999, Online im Internet: http://www.adtmag.com/article.asp? id=3803.

15. **Courtney, Phil:** Testing Smart When Time is Short, in: Compuware Intelligence, 09/2000, Online im Internet: http://www.compuware.com/intelligence/articles/ 200009_topstory4.htm.

16. **Dibachi, Rhonda:** Testing Electronic Commerce Websites, Original erschienen in: Software Testing & Quality Engineering, März/April 1999, Online im Internet: http://www.softtest.org/sigs/material/rdibachi.htm.

17. **DiMaggio, Len:** Software Testing in the Internet Age, International Software Test Institute Community, 1997, Online im Internet: http://www.softtest.org/sigs/material/dimaggio1.htm.

18. **Dzida, Wolfgang; Freitag, Regine:** Usability Testing – The DATech Standard, in: Software Quality – State of the Art in Management, Testing and Tools, Hrsg.: Wieczorek, Martin; Meyerhoff, Dirk, Berlin u. a.: Springer 2001, S. 160- 177.

19. **E-Commerce-Center Handel (Hrsg.):** Die Begriffe des eCommerce, Frankfurt a. M.: F.A.Z.-Institut für Management-, Markt und Medieninformationen 2001.

20. **Eggenberger, Christian; Klein, Stefan:** Wie binde ich eCommerce in das Unternehmen ein? – Interne Organisation, in: eCommerce – Einstieg, Strategie und Umsetzung im Unternehmen, Hrsg.: Albers, Sönke et al., 2. überarb. u. erw. Aufl., Frankfurt a. M.: F.A.Z.-Institut für Management-, Markt- und Medieninformationen GmbH 2000, S. 179-190.

21. **Eicker, Thomas:** Ein kleines! Lexikon des Internet, Online im Internet: http://www.kleines-lexikon.de, 01.09.2001.

22. **Eierle, Manfred:** Web-Performance-Monitoring, in: IT Fokus 1-2/2001, S. 78-81.

23. **Endres, Gunter:** WEB-ERGONOMIE – Im Labor durchläuft die Site einen Fitnesstest, in: Computer Zeitung, 40/2000, S. 31.

24. **Fichter, Darlene:** Testing the Web site usability waters, in: Online, 2/2001, S. 78-80.

25. **Frühschütz, Jürgen:** E-Commerce-Lexikon, Frankfurt a. M.: Deutscher Fachverlag 2001, S..

26. **Gillies, Allan C.:** Software Quality – Theory and management, London u. a.: Chapman & Hall 1992.

27. **Grävermeyer, Arne:** Nur Lasttests garantieren sichere Web-Applikationen, in: Computer Zeitung, 6/2001, S. 15.

28. **Griese, Joachim:** Softwareergonomie, in: Lexikon der Wirtschaftsinformatik, Hrsg.: Mertens, Peter, 3. vollst. neu bearbeitete u. erweiterte Auflage, Berlin u. a.: Springer 1997, S. 367f.

29. **Göldner, Rudolf:** A Cost-Benefit Model for Software Testing, in: Software Quality – State of the Art in Management, Testing and Tools, Hrsg.: Wieczorek, Martin; Meyerhoff, Dirk, Berlin u. a.: Springer 2001, S. 126-134.

30. **Göttmann, Kai:** Wie bette ich eCommerce in bestehende Software-Systeme ein? – Software Realisierung, in: eCommerce – Einstieg, Strategie und Umsetzung im

Unternehmen, Hrsg.: Albers, Sönke et al., 2. überarb. u. erw. Aufl., Frankfurt a. M.: F.A.Z.-Institut für Management-, Markt- und Medieninformationen GmbH 2000, 151-164.

31. **Gutzman, Alexis D.:** The Value of Testing, in: Insights EC Tech Advisor, 11.04.2001, Online im Internet: http://ecommerce.internet.com/news/insights/ectech/article/0,,9561_740701,00.html.

32. **Haupt, Rainer:** Probieren geht über verlieren, in: IT Management, 07/2001, S. 36-40.

33. **Hirooka, Yasuo; Terano, Takao; Otsuka, Yukichi:** Extending Content-Based Recommendations by Order-Matching and Cross-Matching Methods, in: Electronic Commerce and Web Technologies, Hrsg.: Bauknecht, Kurt; Madria, Sanjay Kumar; Pernul, Günther, Lecture Notes in Computer Science, Vol. 1875, Berlin u. a.: Springer 2000, 177-190.

34. **Hoxmeier, John A.; DiCesare, Chris:** System Response Time and User Satisfaction: An Experimental Study of Browser-based Applications, Online im Internet: http://www.e-global.es/014/014_hoxmeier_system.pdf, 01.09.2001.

35. **Johnson, Karen:** Mining Gold from Server Logs, in: Software Test and Quality Engineering, Januar/Februar 2001, Online im Internet: http://www.stqemagzine.com/indes.asp?frame=CORE&content=FEATURED.

36. **Jutla, Dawn; Bodorik, Peter; Wang, Yie:** A Step towards a Suite of E-Commerce Benchmarks, in: Electronic Commerce and Web Technologies, Hrsg.: Bauknecht, Kurt; Madria, Sanjay Kumar; Pernul, Günther, Lecture Notes in Computer Science, Vol. 1875, Berlin u. a.: Springer 2000, S. 419-428.

37. **Kaner, Cem; Falk, Jack; Nguyen, Hung Choc:** Testing Computer Software, 2. Auflage, New York u. a.: Wiley 1999.

38. **Kanter, Rosabeth Moss:** The ten deadly mistakes of Wanna-Dots, in: Harvard Business Review, 01/2001, S. 91-100.

39. **Kaufmann, Eric:** Testing Your Web site, in: Testers's Network, November 1999, Online im Internet: http://www.veritest.com/testers'network/Web_testing1-1.asp.

40. **Killen, Scott; Kinikoglu, Yakup; McGary, Mike:** Testing the Weird Wild Web, in: STI Software Testing Newsletter, Summer/Fall 1997, Online im Internet: http://www.ondaweb.com/sti/webtest.html.

41. **Klein, Martin:** Einführung in die DIN-Normen, Hrsg.: DIN, Deutsches Institut für Normung e.V., Stuttgart, Leipzig: Teubner; Berlin u. a.: Beuth 1997.

42. **Koll, Sabine:** DV-Architektur – Kaum ein Manager bereitet die IT auf den E-Commerce-Boom vor, in: Computer Zeitung, 29.04.1999, S. 27.

43. **Kopaitic, Edi:** Fehlersuche für Fortgeschrittene – Performance-Probleme bei Web-Anwendungen, in: IT Fokus, 8;9/2000, S. 28- 30.

44. **Kracklauer, Alexander; Seifert, Dirk:** Kunden müssen kleben bleiben, in: IT Management, 07/2001, S. 28-35.

45. **Krause, Jörg:** Angebote wie aus der Kristallkugel, in: eCommerce Magazin, 05/2001, S. 15-18.

46. **Lam, Wing:** Testing E-Commerce Systems: A Practical Guide, in: IT Professional, März/April 2001, Online im Internet: http://www.computer.org/itpro/Mar_Apr01/lam/ lam01.htm.

47. **Lankau, Ralf:** Webdesign und –publishing, Projektmanagement für Websites, München u. a.: Hanser 2000.

48. **Lazar, Gerald:** Not Your Father's IT Shop, in: Compuware Intelligence, 05/2000, Online im Internet: http://www.compuware.com/intelligence/articles/ 200005_itshop.htm.

49. **Litzba, Ulrike:** Das ungeliebte Stiefkind der DV: Testing muß besser werden, in: Computerwoche, 51/1996, S. 9f..

50. **Liu, Chang; Arnett, Kirk:** A Propsed Research Model for Appraisal and Evaluation of the Design Quality of Web Sites in the Context of Electronic Commerce, Online im Internet: http://www.e-lobal.es/010_liu_proposed.pdf, 01.09.2001.

51. **Lowe, David:** A Framework for Defining Acceptance Criteria for Web Development Projects, in: Web Engineering – Managing Diversity and Complexity of Web Application Development, Hrsg.: Murugesan, San; Deshpande, Yogesh, Lecture Notes in Computer Science, Vol. 2016, Berlin u. a.: Springer 2001, S. 279-293.

52. **Mark@web Consulting:** Das Hypertext eCommerce Lexikon, Online im Internet: http://www. markatweb.de/lexikon/Definitionen/website.htm, 01.09.2001.

53. **May, Michael:** Performance für das Web, in: IT Fokus, 1-2/2001, S. 71-76.

54. **McLaughlin, Martin:** How Vulnerable Is Your Web Site to a "Denial-of-Service" Attack?, in: Compuware Intelligence, 06/2000, Online im Internet: http://www.compuware.com/intelligence/articles/200006_toolbox.htm.

55. **Meier, Andreas et al.:** Marktstudie Internet & Electronic Business, in: HMD – Praxis der Wirtschaftsinformatik, 05/2000, S. 109-122.

56. **Mellis, Werner:** Softwarequalität und Softwarequalitätsmanagement, in: Lexikon der Wirtschaftsinformatik, Hrsg.: Mertens, Peter, 3. vollst. neu bearbeitete u. erweiterte Auflage, Berlin u. a.: Springer 1997, S. 369f.

57. **Merx, Oliver; Vierl, Markus:** Qualität und Qualitätskriterien im E-Commerce, in: Management-Handbuch Electronic Commerce, Grundlagen, Strategien, Praxisbeispiele, Hrsg.: Hermanns, Arnold; Sauter, Michael, 2. völlig überarb. u. erweiterte Auflage, München: Vahlen 2001, S. 87-100.

58. **Meyerhoff, Dirk; Huberty, Dirk:** Testing Web-Based Home Banking Applications, in: Software Quality – State of the Art in Management, Testing and Tools, Hrsg.: Wieczorek, Martin; Meyerhoff, Dirk, Berlin u. a.: Springer 2001 S. 201-208.

59. **Miller, Edward:** WebSite Testing, Online im Internet: http://www.soft.com/eValid/Technology/White.Papers/website.testing.htm, 01.09.2001.

60. **Mobasher, Bamshad et al.:** Integrating Web Usage and Content Mining for More Effective Personalization, in: Electronic Commerce and Web Technologies, Hrsg.: Bauknecht, Kurt; Madria, Sanjay Kumar; Pernul, Günther, Lecture Notes in Computer Science, Vol. 1875, Berlin u. a.: Springer 2000, S.165- 175.

61. **Müller, Uwe:** Prüf- und Testprozesse in der Softwareentwicklung, Aachen: Shaker 1999.

62. **Murugesan, San et al.:** Web Engineering: A New Discipline for Development of Web-Based Systems, in: Web Engineering – Managing Diversity and Complexity of Web Application Development, Hrsg.: Murugesan, San; Deshpande, Yogesh, Lecture Notes in Computer Science, Vol. 2016, Berlin u. a.: Springer 2001, S. 3-13.

63. **Myers, Glenford J.:** Methodisches Testen von Programmen, 3. Aufl., München; Wien: Oldenbourg 1989.

64. **Nagridge, Tamara:** Web Testing in All Four Directions, in: Compuware Intelligence, Januar 2001, Online im Internet: http://www.compuware.com/intelligence/ articles/ 200101_topstory.htm.

65. **Naumann, Felix; Rolker, Claudia:** Assessment Methods for Information Quality Criteria, Online im Internet: ftp://ftp.dbis.informatik.hu-berlin.de/pub/papers/ conferences/IQ2000.pdf, 01.09.2001.

66. **Nguyen, Hung Quoc:** Testing Applications on the Web, New York u. a.: Wiley 2001.

67. **Oberquelle, Horst:** Kosten der (Un-)Benutzbarkeit – (k)ein Thema für die Wirtschaftsinformatik?, in: HMD – Praxis der Wirtschaftinformatik, 02/2000, S. 4- 6.

68. **Ocampo, Gerry:** Testing Considerations for Web-Enabled Applications, in: Testers' Network, September 1999, Online im Internet: http://www.veritest.com/testers'network/ testing_considerations1.asp.

69. **Olsina, Luis; Lafuente, Guillermo; Gustavo Rossi:** E-commerce Site Evaluation: A Case Study, in: Electronic Commerce and Web Technologies, Hrsg: Bauknecht, Kurt; Madria, Sanjay Kumar; Pernul, Günther, Lecture Notes in Computer Science, Vol. 1875, Berlin u. a.: Springer 2000, S. 239-252.

70. **Orovic, Vladimir:** Managing Enterprise Application Integration, Oracle Whitepaper, Juni 1999.

71. **Olsina, Luis; Lafuente, Guillermo; Gustavo Rossi:** Specifying Quality Characteristics and Attributes for Websites, in: Web Engineering – Managing Diversity and Complexity of Web Application Development, Hrsg.: Murugesan, San; Deshpande, Yogesh, Lecture Notes in Computer Science, Vol. 2016, Berlin u. a.: Springer 2001, S. 266-277.

72. **o. V.:** Best Practices – Ensuring Good Customer Experience through eBusiness Quality Testing, Watchfire 2000, Online im Internet: http://www.e-global.es/008_watchfire_best.pdf, 01.09.2001.

73. **o. V.:** Einkaufen im Web verliert seinen Reiz, in: Computerwoche, 23/2001, S.1-4.

74. **o. V.:** Global: US Websites have ignored EU privacy requirements, in: ebusinessforum.com, 17.08.2001, Online im Internet: http://www.ebusinessforum.com/index.asp? layout=rich_story&doc_id=4289.

75. **o. V.:** Mühsame Revolution, in: Manager Magazin, 3/2001, S. 204.

76. **o. V.:** ONLINE-SERVICES – Der Einbruchstest kommt übers Netz, in: Computer Zeitung, 01.03.2001, S. 20.

77. **o. V.:** Reliability of e-commerce applications, in: Compuware Intelligence, Online im Internet: http://www.compuware.com/intelligence/articles/roundtable.htm, 01.09.2001.

78. **o. V.:** Up and Running in 'Net Time, in: Compuware Intelligence, 01/1999, Online im Internet: http://www.compuware.com/intelligence/articles/199901_nettime.htm.

79. **o. V.:** Website – a whatis definition, TechTarget What's? Online, Online im Internet: http://whatis.techtarget.com/definition/0,289893,sid9_gci213353,00.html, 01.09.2001.

80. **Parrington, Norman; Roper, Marc:** Software-Test – Ziele, Anwendungen, Methoden, Hamburg u. a.: McGraw-Hill 1990.

81. **Perry, William:** Effective Methods for Software Testing, New York u. a.: Wiley 1995.

82. **Pol, Martin; Koomen, Tim; Spillner, Andreas:** Management und Optimierung des Testprozesses, Heidelberg: dpunkt-Verlag 2000.

83. **Porst, Axel:** Content Management und Workgroup Computing, in: e-gateway, Electronic Commerce Forum, Online im Internet: http://www.e-gateway.de/eco/contentman.cfrr, 01.09.2001.

84. **Porter, P.:** Toward an E-Commerce Testing Strategy, in: Compuware Intelligence, Online im Internet: http://www.compuware.com/intelligenge/articles/porter.htm, 01.09.2001.

85. **Powers, Mike:** Why Test the Web? How Much Should You Test? in: Testers' Network, Januar 2000, Online im Internet: http://www.veritest.com/testers'network/ Web_testing 21.asp, 01.09.2001.

86. **Puscher, Frank:** Praxis Projekt – Qualität ist das A und O, in: Internet World, 10/2000, S. 118.

87. **Puscher, Frank:** Praxis Design-Fehler vermeiden, in: Internet World, 5/2001, S. 80.

88. **Puscher, Frank:** Tests sollen Benutzerfreundlichkeit von Sites aufdecken – Usability ist das A und O beim E-Commerce, in: Computerwoche, 13/2001, S. 20-22.

89. **Puscher, Frank:** Funktion statt Design, in: <e>Market, 25/2001, S. 14-16.

90. **Reibold, Holger:** Staumelder – Monitoring-Tools und –Techniken, in: Internet Professionell, 06/2001, S. 52f..

91. **Rensmann, Jörg:** Kampf dem Datenstau – Hohen Traffic bewältigen, in: Internet Professionell, 06/2001, S. 60-63.

92. **Revare, Steve:** E-commerce Sites that Strike a Balance, in: Compuware Intelligence, 06/2000, Online im Internet: http://www.compuware.com/intelligence/ articles/200006_topstory.htm.

93. **Riedman, Patricia:** Latest hot trend tests usability of Web sites, in: Advertising Age, 41/2000, S. 48-56.

94. **Ritter, Ted:** Enabling Ebusiness, in: Business Communications Review, 12/1999, S. 26-30.

95. **Rodríguez, Martin G. et al.:** Web Navigability Testing with Remote Agents, in: Web Engineering – Managing Diversity and Complexity of Web Application Development, Hrsg.: Murugesan, San; Deshpande, Yogesh, Lecture Notes in Computer Science, Vol. 2016, Berlin u. a.: Springer 2001, S. 311-323.

96. **Schmeiser, Lisa:** Test drive your Web Site, in: Macworld, 5/2001, Online im Internet: http://www.macworld.com/2001/05/howto/drive.html.

97. **Schneider, Bernd; Lederbogen, Kai:** Navigationskonzepte für Internet-Anwendungen, in: Information Management & Consulting, 01/1999, S: 103-109.

98. **Scholz, Joachim:** Sites im Labor, in: <e>Market, 17/2001, S. 58-60.

99. **Schubert, Petra; Selz, Dorian:** Web Assessment – Measuring the Effectiveness of Electronic Commerce Sites Going Beyond Traditional Marketing Paradigms, Online im Internet: http://www.businessmedia.org/netacademy/publications.nsf/all_pk/1142/$file/psc_dse_hicss99.pdf?OpenElement&id=1142, 01.09.2001.

100. **Schwickert, Axel C.:** Web Site Engineering – Ein Komponentenmodell, in: Arbeitspapiere WI, Nr. 12/1998, Hrsg.: Lehrstuhl für Allg. BWL und Wirtschaftinformatik, Mainz: Johannes Gutenberg-Universität 1998.

101. **Schwickert, Axel C.; Häusler, Oliver:** Web Site Security, in: Arbeitspapiere WI, Nr. 05/1999, Hrsg.: Lehrstuhl für Allg. BWL und Wirtschaftinformatik, Mainz: Johannes Gutenberg-Universität 1999.

102. **Schwickert, Axel C.; Wendt, Peter:** Web Site Monitoring – Teil 1: Einordnung, Handlungsebenen, Adressaten, in: Arbeitspapiere WI, Nr. 06/2000, Hrsg.: Lehrstuhl für Allg. BWL und Wirtschaftinformatik, Mainz: Johannes Gutenberg-Universität 2000.

103. **Schwickert, Axel C.; Wendt, Peter:** Web Site Monitoring – Teil 2:Datenquellen, Web-Logfile-Analyse, Logfile-Analyzer, in: Arbeitspapiere WI, Nr. 07/2000, Hrsg.: Lehrstuhl für Allg. BWL und Wirtschaftinformatik, Mainz: Johannes Gutenberg-Universität 2000.

104. **Schwickert, Axel C.:** Web Site Engineering, Ökonomische Analyse und Entwicklungssystematik für eBusiness-Präsenzen, Stuttgart u. a.: Teubner 2001.

105. **Seybold, Patricia, mit Marshak, Ronni T.:** koenig.kunde.com, Wie erfolgreiche Unternehmen im Internet Geschäfte machen, München; Düsseldorf: Econ 1999.

106. **Strobel, Stefan:** Sicherheitsprobleme bei E-Commerce- / E-Business Lösungen, in: HMD – Praxis der Wirtschaftinformatik, 06/2000, S. 42-57.

107. **Teufel, Stephanie; Schlienger, Thomas:** Informationssicherheit – Wege zur kontrollierten Unsicherheit, in: HMD – Praxis der Wirtschaftsinformatik, 06/2000, S. 18- 31.

108. **Thaller, Georg E.:** Software-Test, Verifikation und Validation, Hannover: Heise 2000.

109. **Theuner, Gabriele:** Erfolgsfaktoren User-orientierter Webseitengestaltung, in: HMD – Praxis der Wirtschaftinformatik, 05/2000, S. 69-73.

110. **Turau, Volker:** Techniken zur Realisierung Web-basierter Anwendungen, in: Informatik-Spektrum, 1/1999, S. 3-12.

111. **Turk, Andreas et al.:** The Web Consultant – A Flexible Framework for Dynamic Web Applications, in: Electronic Commerce and Web Technologies, Hrsg.: Bauknecht, Kurt; Madria, Sanjay Kumar; Pernul, Günther, Lecture Notes in Computer Science, Vol. 1875, Berlin u. a.: Springer 2000, S. 13-24.

112. **Wagenknecht, Achim:** Das Ende der Logfiles – User-Tracking: Trends, Methoden, Produkte, in: Internet Professionell, 06/2001, S. 54-58.

113. **Weinstein, Anja:** Auf die Sekunde – Engpässe im Netz und an der Website aufdecken, in: Internet Professionell, 06/2001, S. 44-51.

114. **Weinstein, Anja:** Flotte Sites bevorzugt, in: Internet Professionell, Juni 2001, S.38.

115. **Weishaar, Gerd; Versteegen, Gerhard:** Test the Web – Testen von Internet Applicationen, in: IT Management, 5/2001, S. 42-49.

116. **Winand, Udo; Schellhase, Jörg:** Web-Content-Management, in WISU, 10/2000, S. 1334-1344.

BEI GRIN MACHT SICH IHR WISSEN BEZAHLT

- Wir veröffentlichen Ihre Hausarbeit,
  Bachelor- und Masterarbeit

- Ihr eigenes eBook und Buch -
  weltweit in allen wichtigen Shops

- Verdienen Sie an jedem Verkauf

Jetzt bei www.GRIN.com hochladen
und kostenlos publizieren